SULLY

PARIS. — IMPRIMERIE DE E. MARTINET, RUE MIGNON, 2.

SULLY

PAR

A.-J.-B. BOUVET DE CRESSÉ

MEMBRE DE L'UNIVERSITÉ

Heureux ceux qui s'instruisent en s'amusant!

FÉNELON.

PARIS

LIBRAIRIE D'ÉDUCATION

GÉRANT : AMABLE RIGAUD, ÉDITEUR

33, QUAI DES AUGUSTINS, 33

—

1878

SULLY

Conversation entre Henri IV et Sully, au sujet des menées des principaux
officiers du parti réformé avec l'étranger.

Les menées des principaux officiers du parti réformé avec
l'étranger, qui se faisaient d'une manière assez cachée, n'empêchèrent pas que le meilleur parti ne prévalût dans les assemblées. Le duc de Montmorency opina que, dans le danger
présent, tout le monde se tînt uni, et se mît efficacement sur
la défensive. Sully insista, dans tous les conseils, sur la nécessité de reconnaître l'autorité d'un chef unique, et de ne pas
dissiper le pouvoir à force de le partager. Au sortir de l'un de
ces conseils, le roi de Navarre tira Sully à quartier et lui dit :
« Monsieur le baron de Rosny, ce n'est pas tout que de bien
dire, il faut encore mieux faire. N'êtes-vous pas résolu que nous
mourions ensemble? Il n'est plus temps d'être bon ménager.
Il faut que tous les gens d'honneur, et ceux qui ont de la conscience, emploient la moitié de leurs biens pour sauver l'autre.
Je m'assure que vous serez des premiers à m'assister; aussi
je vous promets que si j'ai jamais bonne fortune, vous y par-

ticipérez. — Non, non, Sire, lui répondit M. de Rosny, je ne veux point que nous mourions ensemble, mais que nous vivions, et que nous cassions la tête à tous nos ennemis. Mon bon ménage n'y nuira pas. J'ai encore pour cent mille francs de bois à vendre, que j'emploierai à cela. Vous m'en donnerez un jour davantage lorsque vous serez bien riche. J'ai eu un précepteur, qui avait le diable au corps, qui me l'a prédit. » Le roi de Navarre ne put s'empêcher de rire de cette saillie. « Or bien, mon bon ami, lui dit ce prince en l'embrassant étroitement, retournez-vous-en chez vous, faites diligence, et me venez retrouver au plutôt avec le plus d'amis que vous pourrez, et n'oubliez pas vos bois de haute futaie. » Le roi lui promit de l'instruire de tout ce qui se passerait, et le congédia après mille témoignages d'affection.

Danger que court Sully en passant par Marton pour aller à Bergerac trouver le roi de Navarre, à qui il remet quarante mille francs provenant de la vente de ses bois.

Sully, après la vente de ses bois, revenant rejoindre le roi de Navarre, descendit à Marton en Angoumois, dans le faubourg ; et aussitôt, par un pressentiment qu'il ne pouvait définir, il rentra dans la ville. Il apprit, le lendemain, que pendant la nuit on avait fait sauter avec un pétard la porte de l'écurie où l'on croyait qu'étaient ses chevaux. Il faisait sur cet événement ses réflexions, sans que cela l'empêchât de donner les ordres du départ, lorsqu'il fut abordé par un inconnu qui lui dit : « Je ne veux point m'informer qui vous êtes ; mais si vous êtes huguenot, et que vous partiez d'ici, vous êtes perdu.

Il y a une embuscade à cinq mille pas d'ici, de cinquante cavaliers bien armés qui, à mon avis, vous attendent. » Sully
remercia cet homme, sans paraître troublé de ce qu'il lui avait
dit. Il lui répondit froidement que, quoiqu'il ne fût point huguenot, il lui semblait toujours dangereux de tomber dans une
embuscade. Il rentra dans son auberge, où, prétextant qu'un
de ses plus beaux chevaux avait été encloué, il les fit déseller
tous. Pour s'éclaircir de la vérité de ce qu'il venait d'entendre,
il fit déguiser en paysan, Périgordin, un de ses valets, qui
imitait parfaitement le jargon du pays, et après l'avoir instruit
de ce qu'il avait à faire, il le fit avancer dans la campagne, du
côté où on lui avait dit qu'était postée l'embuscade.

Périgordin rencontra ces cinquante cavaliers, à qui il apprit,
en répondant aux questions qu'ils lui faisaient sur les nouvelles
de la ville, que le départ de Sully était différé au lendemain.
Il les suivit jusqu'à un bourg à deux lieues de là, où ils se reti-
rèrent, bien fâchés d'avoir manqué leur coup, et dans la résolution de se rendre le lendemain au même endroit; et il revint
aussitôt sur ses pas faire son rapport à son maître. Sully prit
ce moment pour partir. Il arriva à Bergerac où était le roi de
Navarre. Ce prince le tint longtemps embrassé et se montra
sensible au danger que son attachement pour sa personne lui
avait fait courir.

Rien ne peut exprimer l'embarras dans lequel Henri se
trouvait alors. Sans troupes, sans argent, sans secours, il voyait
marcher contre lui trois puissantes armées; celles du duc de
Mayenne et de Joyeuse s'avançaient à marches forcées, et dans
ce moment, il avait en tête celle du maréchal de Matignon. Les
quarante mille francs que Sully avait apportés vinrent fort à
propos pour ce prince, qui n'en aurait pu trouver autant dans
toute sa cour.

Conduite noble et franche de Sully envers Villars (1)
au sujet de la reddition de Rouen.

Sully ayant été chargé par le roi du traité à conclure pour la ville de Rouen, alla trouver Villars aussitôt son arrivée dans cette ville, bien préparé à essuyer de sa part quelques-unes de ces saillies et de ces fougues naturelles, dont, avec un peu de patience, il était facile de le faire revenir. Sully, en l'abordant, s'aperçut d'abord bien clairement que sa vue réveillait dans son esprit un petit mouvement de défiance et de fierté. Sully fit en sorte que ce nuage étant dissipé, Villars proposât de sens rassis ses conditions. Elles se réduisaient aux chefs suivants : « Qu'il jouirait dans son gouvernement de Rouen d'un pouvoir indépendant du duc de Montpensier, gouverneur de la province, du moins pendant trois ans, et que ce pouvoir s'étendrait sur les bailliages de Rouen et de Caux; qu'il ne se ferait dans cette capitale, ni dans ses environs à six lieues loin, aucun exercice de la religion réformée; que tous les officiers mis par la Ligue dans les villes ressortissantes de son gouvernement, y seraient conservés, avec quinze cents hommes d'infanterie et trois cents de cavalerie, entretenus par le roi, pour la sûreté de ces mêmes villes; que Sa Majesté lui donnerait, pour acquitter ses dettes, une somme de cent vingt mille livres, et une pension de soixante mille ; qu'on lui rendrait Fécamp ; enfin qu'on lui laisserait la disposition des abbayes de Suméges, Tiron, Bonport, La Valase, Saint-Taurin, et celle de Montivilliers, qu'il destinait à une sœur de madame de Simiers. »

(1) André de Brancas, amiral de France.

Si tous ces articles avaient aussi bien dépendu de Sully, que celui qui regardait l'abbaye de Saint-Taurin, qui était à lui en propre, le traité eût été conclu sans un plus long délai. Sully voulut faire entendre ses raisons à Villars, mais il en fut rudement repoussé par ce peu de mots prononcés d'un ton extrêmement emporté : « Qu'il pouvait s'épargner la peine de lui parler davantage, parce qu'il voulait, sur-le-champ, convenir de tout, ou rompre sur tout. »

Sully, quoiqu'un peu étourdi de ce coup imprévu, répondit tranquillement à Villars : « Qu'il se tenait assuré que le roi lui accorderait les trois articles aussi bien que tous les autres (1); que cela ne devait pas les empêcher de dresser le traité, et même de le signer dès ce moment, comme si tout était accordé, avec cette apostille en marge, vis-à-vis les trois articles : qu'on en attendait la réponse du roi; que pour lui marquer qu'il ne cherchait point à gagner du temps avec lui pour le tromper, il consentait à demeurer entre ses mains jusqu'à la réponse de Sa Majesté. Villars trouva encore des difficultés, mais il ne put résister à madame de Simiers, à l'abbé de Tiron et à La Font, qui parlèrent tous comme M. de Rosny. Sully se hâta de faire le traité; ils le signèrent, et M. de Rosny en envoya aussitôt une copie au roi, avec une longue lettre qui le mettait au fait de tout ce qui s'était passé. Mais avant que la réponse fût parvenue à Rouen, il arriva un autre incident qui pensa la rendre inutile.

La plus grande partie des gouverneurs des petites places aux environs de Rouen, bien loin de les porter à l'obéissance qu'elles devaient au roi, les entretenaient dans la révolte, parce que, à la faveur des troubles, ils faisaient quantité de

____

(1) Celui de Fécamp en faisait deux, parce que Bois-Rosé (N. de Goustiminil, ou Gousminil, seigneur de) y était mêlé.

profits qu'ils prévoyaient devoir cesser avec la guerre. Les plus adroits se rendaient nécessaires aux deux partis, et les ménageaient pour les rançonner également. Durollet, gouverneur de Pont-de-l'Arche, était un de ceux qui faisaient ce manége le plus subtilement. Il avait flatté le roi, pendant plus d'un an, qu'il trouverait les moyens de lui livrer la ville de Rouen et la personne du gouverneur, à condition qu'on lui donnerait le gouvernement de cette place, que Sa Majesté lui avait promis par écrit à tout risque. N'ayant pas réussi dans une entreprise qui passait ses forces, Durollet se mit dans la tête de faire échouer la négociation de Sully, et voici comment il s'y prit.

Il ordonna à un capitaine, nommé Dupré, de se mettre à la suite de Sully, lorsqu'il passa par Pont-de-l'Arche, et d'entrer dans Rouen avec lui. M. de Rosny avait été averti que Durollet n'était pas fort bien intentionné; mais, pour ce capitaine, il ne pouvait le soupçonner de rien, ni l'empêcher de le suivre, parce qu'il ignorait absolument que Dupré était le même homme dont Durollet s'était servi auparavant pour cabaler dans Rouen contre Villars. Dupré n'y fut pas plus tôt rentré que, renouant ses connaissances, il se mit à la tête d'un parti d'étourdis auxquels il fit former le dessein de s'emparer du vieux palais et de se saisir du gouvernement, leur persuadant qu'il agissait par ordre de Sully. Comme il n'avait point d'autre but de porter ce gouverneur aux dernières extrémités contre M. de Rosny, il ne s'embarrassa pas beaucoup que la chose demeurât secrète, et elle fut en effet aussitôt rapportée à Villars.

On se figure aisément à quel excès de colère il se porta à cette nouvelle, et tout ce qui lui passa dans la tête contre le roi, et surtout contre Sully. Il n'approfondit pas davantage : il crut avoir une preuve sans réplique de la mauvaise foi de M. de Rosny. Il envoya dans le moment d'Isencourt lui dire de venir lui parler. Sully dînait chez La Pile, procureur général de la chambre des comptes; il venait de recevoir des lettres qui le mettaient de fort bonne humeur. Le roi accordait à Villars les trois articles laissés indécis, et s'engageait à y faire consentir les parties intéressées. Vis-à-vis ces articles, Sully avait écrit à la marge de l'original du traité dont il était porteur : *Accordé suivant l'ordre de Sa Majesté.* Il se faisait un plaisir de surprendre Villars, qui n'avait pas dû s'attendre à une aussi prompte expédition. Sully sortit de chez La Pile, portant le traité d'une main, et tenant l'autre sur une écharpe blanche qu'il avait mise dans sa poche, à dessein de la jeter au cou de Villars, en l'embrassant et le saluant amiral et gouverneur des bailliages de Rouen et de Caux.

Du plus loin que Villars aperçut Sully, il s'avança à grands pas vers lui, le visage bouffi et enflammé, les yeux étincelants, et représentant, par tous ses traits, la plus vive colère. Il commença par lui arracher le papier des mains, sans qu'il eût le temps d'ouvrir la bouche, et une altération dans le son de la voix, qui le faisait trembler et bégayer; il lui lâcha ces paroles, trop singulières pour n'être pas rapportées d'original : « Ah! morbleu, monsieur, où allez-vous ainsi éveillé, plein de réjouissance? Par la sambleu! vous n'en êtes pas encore où vous pensez, et, avant que le jeu finisse, il n'y aura peut-être pas à rire pour vous, au moins si je vous traite comme vous le méritez : vous êtes bien loin de votre compte, vous, et votre roi de Navarre aussi; car, par la corbieu!... » Dire tout cela, déchirer le traité en mille morceaux, et le jeter au feu, ce ne fut qu'une même chose. Lorsqu'il eût lâché la bonde à sa colère, il ajouta une infinité d'invectives sur ce même ton, aussi vagues, et parfaitement soutenues de jurements, dont sa fureur lui fournissait une source inépuisable.

Sully lui laissa tout dire, par un effort de la surprise où il était, par nécessité, et ensuite par réflexion. Ces sortes d'esprits ne veulent pas être contredits. Villars s'arrêta de lui-même à la fin, et se mit à parcourir sa chambre en long et en large, comme un homme hors de soi. « Eh bien! monsieur, lui répondit Sully lorsqu'il eut cessé de parler, et sans paraître ému de tout ce qu'il venait d'entendre, en avez-vous assez compté à tort et à travers? Vous devez être bien satisfait de vous-même, d'avoir ainsi fait l'enragé sans que personne vous ait contredit dans vos extravagances. » Voyant que le ton froid avec lequel il lui parlait l'obligeait, comme malgré lui, à l'écouter, il continua, en lui disant qu'il ne pouvait regarder tout ce qu'il venait de faire en sa présence que comme un artifice qu'il avait imaginé pour se dédire d'une parole qu'il avait donnée solennellement; mais que ce détour lui ferait toujours peu d'honneur, et lui faisait beaucoup rabattre à lui-même de l'idée qu'il avait de sa sagesse et de son intégrité. « Ah! morbieu! ne dites pas cela, s'écria Villars en l'arrêtant tout court; car c'est ce qui ne m'arriva et ne m'arrivera jamais. Je suis trop homme d'honneur; ces manquements de foi ne sont bons que pour ceux qui trahissent leurs amis et veulent les assassiner. » Il n'avait encore rien dit d'aussi positif que cette parole, et quoique Sully ne la comprît pas, il commença du moins à pouvoir conjecturer d'où provenait un emportement si furieux.

M. de Sully lui demanda de s'expliquer, et lui protesta avec cet air de vérité et d'assurance qui se fait sentir aux plus prévenus, qu'il ne savait nullement de quoi il voulait parler, et que s'il pouvait être convaincu de la moindre duplicité, il se mettrait entre ses mains, et ne demandait ni faveur ni grâce.

Villars se vit donc obligé de lui dire plus nettement de quoi il l'accusait. Il lui reprocha d'avoir voulu le faire assassiner par Dupré, et s'emparer du vieux palais, ce qu'il fit si fort en bâtons rompus, que la chose paraissant à Sully dépourvue de toute vraisemblance, il ne put s'empêcher de soupçonner et de lui dire qu'il s'était laissé éblouir par les pistoles d'Espagne, pour imaginer un prétexte aussi frivole de rompre avec lui. « Moi, morbleu! reprit encore Villars en rougissant de nouveau, que je confesse que j'ai manqué de foi et faussé mon serment? J'aimerais mieux mourir que d'avoir fait cette lâcheté. — Parbleu! monsieur, lui répliqua Sully, car vous m'apprenez à jurer, il faudra bien que vous observiez le traité, ou que vous le rompiez, et que par là vous méritiez qu'on vous regarde comme un homme vrai, ou comme un parjure. »

L'éclaircissement tirait en longueur et s'éloignait au lieu de se rapprocher, et à mesure que, de part et d'autre, la colère prenait le dessus. Il fut besoin que l'abbé Tiron, arrivé pendant la contestation, se mît de la partie et les rapprochât l'un de l'autre. « C'est sans doute, monsieur, dit-il à Villars, que M. de Rosny n'est point coupable des desseins qu'on a projetés contre vous; il est homme de bien, et, en ce cas, trop habile pour venir se mettre entre vos mains. » Ces paroles achevèrent d'ouvrir les yeux de Sully. Il se tourna tranquillement vers Villars, en lui disant qu'il voyait bien que la colère seule lui avait dicté tout ce qu'il avait dit, et qu'il s'attendait que sitôt qu'elle serait passée, il lui ferait justice contre lui-même de tout ce qui lui était échappé d'injurieux, et qu'il tiendrait sa première parole. « Eh bien! monsieur, lui dit Villars, déjà à demi rendu, oui, je la veux tenir; mais regardez aussi à ne point manquer sur les points qui sont restés en différend. » C'est où Sully l'attendait : il lui répondit que sans l'emportement qui lui avait fait jeter au feu le traité, il y aurait vu que le roi les lui accordait tous trois.

Ils en étaient là quand on vint annoncer madame de Simiers. « Ne criez point, madame, lui dit Villars en s'avançant vers elle, avec un visage serein et même riant, toutes nos colères sont apaisées; mais, pardieu! le traître qui en a été cause en mourra, avant que je mange ni boive. » Il tint parole : il se fit amener Dupré, et, après que celui-ci eût avoué tout, sans autre forme de procès, il le fit pendre à une fenêtre.

Il ne s'agissait plus que de refaire le traité qu'ils signèrent et dont ils gardèrent chacun un double. Ensuite Villars pria M. de Rosny de se contenter de sa parole pour l'exécution de tous les articles compris au traité. Ce qu'il accepta comme la meilleure caution qu'il pouvait lui donner. Dès ce moment Villars devint un des serviteurs les plus affectionnés du roi et l'ami le plus intime de Sully.

Magnanimité de Sully envers Bois-Rosé.

Bois-Rosé ayant appris par le bruit public que le roi remettait à Villars le fort de Fécamp, et n'entendant rien dire de son dédommagement (1), résolut d'en porter ses plaintes au roi : cherchant à s'appuyer du crédit de quelque gouverneur qui fût connu de Sa Majesté, il vint à Louviers pour demander une

----

(1) Bois-Rosé, gentilhomme, homme de cœur et de tête, s'étant emparé du fort de Fécamp, donna aussitôt avis à Villars de ce succès presque incroyable; et il crut que la moindre gratification à laquelle il devait s'attendre, était le gouvernement de cette forteresse, qu'il avait si bien acheté.

lettre de recommandation à Durollet, un moment après, que Sully y fut arrivé. Il descendit à la même auberge où on lui dit d'abord qu'il venait d'arriver un homme qu'à son train et aux discours de ses domestiques, on jugeait devoir être fort bien en cour. On ne lui dit point le nom de Sully, et Bois-Rosé, qui le croyait encore à Rouen et qui ne le connaissait pas, n'avait garde de le deviner. Il ne balança pas à préférer la protection de ce seigneur à celle de Durollet : montant donc aussitôt dans sa chambre, il lui dit, après lui avoir appris qui il était, qu'il avait bien sujet de se plaindre de M. de Rosny, qui, abusant de la faveur de son maître, l'avait sacrifié, aussi bien que le duc de Montpensier et le maréchal de Biron, à l'amiral de Villars, son ancien ami. Ensuite il lui expliqua sa demande, ce qu'il fit d'une manière si vive et si passionnée, et avec tant de jurements et de menaces contre M. de Rosny, que ce dernier ne trouvait rien de si plaisant que le personnage qu'il jouait en cette occasion.

Après que Bois-Rosé eut jeté tout son feu, il lui dit qu'il avait assez de connaissance des affaires dont il lui parlait, pour l'assurer que M. de Rosny n'aurait osé rien faire sans l'exprès commandement de Sa Majesté ; et que le roi songeait à lui donner une récompense dont il aurait lieu d'être content. Il ne crut pas devoir pousser la civilité jusqu'à lui permettre de servir son ressentiment contre celui dont il se plaignait si amèrement ; il lui dit au contraire que, s'il le connaissait, il conviendrait qu'un homme qui, pour le bien de l'État, s'était démis gratuitement de son abbaye de Saint-Taurin, pouvait bien avoir fait par nécessité ce qu'il attribuait à une mauvaise volonté. Il le congédia en lui disant qu'il vînt le trouver lorsqu'il serait arrivé à la cour, où il lui promit de parler au roi, pour lut faire obtenir l'équivalent qu'il demandait. Bois-

Rosé se retira aussi content de Sully que mécontent de M. de Rosny ; mais ce gentilhomme ayant demandé son nom, au bas de l'escalier, à un de ses pages qu'il rencontra, demeura si étourdi d'entendre nommer celui qu'il avait si peu ménagé en parlant à lui-même, que craignant le ressentiment qu'il supposait qu'il avait contre lui, il remonta à cheval dans l'instant, changea d'hôtellerie, et ne songea plus qu'à continuer à toute bride sa route vers Paris, afin d'y arriver avant lui, et d'y chercher de la protection contre les mauvais services qu'il allait lui rendre.

L'aventure ne finit pas là. Pendant que Bois-Rosé se précautionnait contre Sully comme contre un ennemi irréconciliable, M. de Rosny prit sa route par Mantes, d'où il devait amener son épouse à Paris. Dès qu'il y fut arrivé, la première chose qu'il fit fut d'aller rendre compte de son voyage au roi, qui, selon sa coutume, voulut qu'il n'en omît rien. Après qu'il eut tout épuisé du côté du sérieux, il voulut le réjouir de la scène de Louviers. Bois-Rosé avait eu garde de l'en instruire ; il s'était contenté de supplier Sa Majesté de ne point ajouter foi à ce que Sully dirait contre lui, à cause d'une vieille haine qu'il lui portait. Le roi rit de bon cœur de l'aventure de Bois-Rosé. Sully l'envoya chercher. Bois-Rosé crut ses affaires désespérées, puisque c'était à lui qu'il avait le malheur d'être adressé. Sully jouit quelque temps de son chagrin et de son embarras ; ensuite il l'en tira d'une manière qui le surprit beaucoup. Il sollicita pour lui avec chaleur, et lui fit obtenir une pension de douze mille livres, une compagnie avec appointements, et deux mille écus en argent. C'était, certes, plus qu'il n'aurait jamais osé espérer.

Sully contribua beaucoup avec Villars à la reddition de
Rouen. Le lendemain de cette journée mémorable, la ville vint
en corps remercier Sully des soins qu'il avait pris, et lui
apporta son présent : c'était un buffet de vaisselle d'argent
doré, parfaitement travaillé, et de la valeur de plus de trois
mille écus. Il fit inutilement toute sorte d'instances pour se
dispenser de le recevoir. Sully n'avait caché au roi, de tout ce
qui lui était arrivé à Rouen, que la donation du buffet de
vermeil. Ce monarque fut bien étonné en voyant arriver, un
matin, dans sa chambre, des porteurs chargés de cette vaisselle.
Sully, qui était à la tête des porteurs, dit au roi que n'ayant pu,
par aucun moyen, empêcher la ville de Rouen de lui faire ce
présent, il venait le lui apporter comme une chose qui lui appar-
tenait, parce qu'il avait fait le vœu solennel de ne jamais rien
recevoir d'aucuns de ses sujets tant qu'il serait à son service.

Le roi n'eut garde d'accepter le buffet ; mais pour s'accommoder à la façon de penser de Sully, il voulut qu'il le prît de
sa main : la donation qu'il lui en fit devint publique, parce
qu'il lui en expédia un brevet où il était spécifié que ce buffet
était un présent de la ville de Rouen, fait à Sa Majesté, dont
elle avait gratifié Sully.

Sully ayant été grièvement blessé à la bataille d'Ivry, où il fit
des prodiges de valeur, se faisait transporter à Rosny afin de se

faire guérir ; en arrivant sur le coteau de Beurons, il aperçut le roi qui s'en retournait à Mantes. Ce prince s'approcha du brancard de Sully, et ne dédaigna pas, à la vue de toute sa suite, de descendre à tous les témoignages de sensibilité qu'un ami, s'il est permis de se servir de ce terme, pourrait rendre à son ami. Sully ne pouvant se jeter à ses pieds pour lui en marquer sa reconnaissance, l'assura comme il put qu'il souffrirait avec plaisir mille fois davantage pour son service. Le roi s'était fait instruire de tous les hasards qu'il avait courus dans le combat, et il lui demanda, avec une inquiétude obligeante, si toutes ses plaies étaient de nature à pouvoir espérer d'en guérir, du moins sans être mutilé de quelque partie du corps, ce qu'il regardait presque comme impossible, sachant qu'il avait été renversé, froissé et foulé aux pieds des chevaux. Quand il sut qu'il n'y avait rien à craindre, il se jeta au cou de Sully, et se retournant vers les princes et les grands qui le suivaient, il dit hautement, « qu'il l'honorait du titre de vrai et franc chevalier, titre qu'il regardait comme bien supérieur à celui de chevalier de ses ordres. » Craignant d'exposer Sully à parler trop, le roi, sans lui laisser le temps de répondre, s'éloigna en lui disant : « Adieu, mon ami, portez-vous bien, et soyez sûr que vous avez un bon maître. »

Sully oublie le mécontentement qu'il a contre Henri IV. — Il s'empare de la correspondance du duc de Mayenne et la remet au roi.

Buhy, lieutenant pour le roi dans le Vexin, vint un jour rendre visite à Sully. Il lui apprit que le roi avait écrit à tous les gouverneurs de rassembler le plus qu'ils pourraient de troupes, et de venir promptement à son secours. C'était le temps où l'on s'attendait le plus fortement à voir repasser le prince de Parme en France, et Buhy lui demanda s'il ne ferait pas comme les autres en cette occasion. Cette demande réveilla dans Sully le souvenir de tant de gouvernements qu'on lui avait refusés, et, en dernier lieu, d'une lieutenance de roi, que le duc de Nevers et les catholiques lui avaient enlevée d'une manière haute et insultante. Sully répondit à cet officier avec quelque émotion, que si le roi avait eu besoin de son service, il lui aurait fait l'honneur de lui écrire. Buhy trouva sa réponse fière, et la rapportant au roi il l'empoisonna, et fit entendre à ce prince qu'il ne devait plus compter sur lui, parce que son parti était pris de passer le reste de ses jours à la campagne. Cette addition était tout entière de sa façon. « Il a donc bien changé d'humeur, reprit aussitôt le roi, car il n'a jamais manqué de se trouver aux occasions pareilles à celle qui se prépare. Quoiqu'il s'excuse sur ses blessures, je connais bien ce qui le retient : il est en colère contre moi, et avec quelque raison ; il voudra dorénavant faire le philosophe, mais lorsque je le verrai, je saurai bien accommoder tout cela, car je le connais. »

Ce discours se tenait en présence du président Séguier, qui, étant venu dîner chez Sully quelque temps après, le lui rapporta. Comme M. de Rosny épanchait son cœur dans le sein de ce grand magistrat, qu'il connaissait pour être également bon ami, honnête homme et excellent politique, il lui répondit ces paroles qui commencèrent à lui dessiller les yeux et à le détromper de sa première façon de penser : « Monsieur, il me semble que vous êtes un peu en colère ; nous sommes dans un temps où la tranquillité est bien difficile à acquérir ; les plus sages useront de

_____

(1) Pierre de Mornay de Buhy, frère de Du Plessis Mornay.

silence et de patience dans l'espérance d'un meilleur siècle, et le roi est si bon et si sage, que Dieu le destine à être notre restaurateur. »

Depuis ce moment, Sully, voyant qu'il ne lui restait plus d'autre incommodité de sa blessure que celle d'articuler difficilement, commença à remonter à cheval, et, suivi de cinquante cavaliers, il se mit à faire des courses sur la grande route de Verneuil et de Dreux à Paris, pour reprendre l'habitude de son ancien métier, auquel il sentait bien qu'il allait se remettre de nouveau. Dans le second de ces voyages, un jour qu'il se promenait près de Dreux, entre les villages de Marolles et de Goussainville, il fit rencontre de douze homme de pied qui, sitôt qu'ils l'aperçurent avec sa suite, se jetèrent dans les bois dont tout ce pays est couvert. Sully marcha promptement vers eux, et il en fit prendre deux, les seuls de toute la bande qui n'eussent point abandonné le grand chemin. C'étaient deux paysans qui revenaient de Paris où ils avaient vendu de la volaille. Il les questionna ; ils lui répondirent avec une grande ingénuité, qu'ils avaient coutume de ne marcher que la nuit, pour éviter toutes les mauvaises rencontres qu'on faisait ordinairement sur cette route pendant le jour ; mais qu'ils s'étaient enhardis cette fois, se voyant en compagnie de neuf ou dix personnes, dont ils ajoutèrent que deux ou trois étaient domestiques de MM. de Mercœur, de Médavy et de Vieux-Pont.

Sully n'en attendit pas d'avantage pour faire courir après ces trois hommes, dont le voyage mystérieux piquait sa curiosité. Il fut impossible de les joindre. Ses gens se saisirent seulement de deux autres hommes de la bande, qui étaient de Verneuil, dont il ne put rien tirer par menaces. Il prit une autre voie ; il leur donna quatre écus d'or et leur promit encore davantage, s'ils voulaient lui apprendre tout ce qu'ils savaient de ces trois domestiques. Ils lui dirent de le suivre, et ils le menèrent droit à un chêne creux et environné d'un buisson fort épais, où ils lui dirent que ces valets s'étaient arrêtés et avaient jeté dans le tronc de cet arbre les papiers dont ils étaient chargés. En effet, Sully y trouva deux boîtes de fer-blanc et un sac de coutil qui paraissaient pleins. Il se consola d'avoir laissé échapper les messagers, et après avoir satisfait ces deux hommes, il reprit le chemin de Rosny, très-impatient d'ouvrir les paquets.

Ils lui parurent tels qu'ils les souhaitait. Il trouva d'abord force commissions pour lever des gens de guerre de la part du duc de Mayenne, plusieurs lettres écrites de la propre main de ce général, au duc de Mercœur, en chiffres. Des pièces plus importantes attirèrent bientôt toute son attention ; elles concernaient le tiers parti, dont on commençait alors à faire du bruit, et parmi celles-là, il tomba sur deux mémoires qui lui parurent de la dernière conséquence. Le premier était le mémoire des demandes que le président Jeannin avait faites à l'Espagne, au nom du duc de Mayenne, et le second renfermait la réponse faite à ces conditions, par l'archiduc Ernest, pour le roi d'Espagne.

A cette lecture, il sentit tout son ressentiment s'éteindre ; ces papiers étant d'une extrême importance pour le roi, il ne perdit pas un instant pour se rendre à Compiègne. Il trouva que le temps et l'absence n'avaient rien altéré des sentiments de Henri à son égard. Il eut une demi-heure de conversation avec ce prince à qui il dit en gros le sujet de son voyage. La lecture des papiers fut remise au soir de ce même jour. Tout le monde étant retiré de l'appartement du roi, Sully y fut introduit et y demeura enfermé avec Sa Majesté qui y appela Beringhen et Choirin pour déchiffrer les caractères de la plupart de ces pièces.

Sully resta trois jours à Compiègne, souvent en conférence avec le roi qui se montrait sensiblement touché de l'attentat qu'on méditait contre sa personne, parce qu'il se flattait que sa conduite aurait dû en étouffer l'idée. Il renvoya Sully à Mantes, s'apercevant que les efforts qu'il faisait pour parler pouvaient rouvrir ses blessures. La dernière chose que ce prince lui dit en partant, fut de bien observer tous les mouvements de ses ennemis, et de se préparer, en attendant qu'il prît le chemin de Mantes, à lui donner de bons avis quand il y serait arrivé, parce qu'il voulait bien le rendre maître de la conduite qu'il devait tenir dans une conjoncture si difficile.

***

Sully s'empare de Meulan, dont il refuse le gouvernement.

Sully représenta au roi qu'une des choses qui semblaient presser davantage, était de tâcher de s'emparer de Meulan, place très-importante, dont on connaissait le gouverneur, nommé Saint-Marc, pour être passionné ligueur dans le cœur. M. de Rosny lui expliqua en peu de mots comment l'exécution lui en paraissait assez facile, et le roi l'ayant approuvée, il alla à Meulan demander à conférer avec Saint-Marc sur des choses qu'il disait être de grande conséquence pour lui. Il sortit, et, tandis que Sully l'amusait d'une feinte confidence, le maréchal d'Aumont se présenta avec des troupes pour passer sur le pont, et profitant d'un premier moment de surprise pour se faire passage jusque dans le château, il s'en rendit le maître, et ils en chassèrent le trop crédule Saint-Marc. Le roi offrit à Sully ce gouvernement, que plusieurs considérations l'empêchèrent d'accepter.

**Moyen qu'emploie Sully pour faire déloger du village de Saint-Mamert
les gens de guerre du comte de Soissons (1).**

Lors de la guerre contre l'Espagne, le roi avait affaire à des
esprits intraitables. Le comte de Soissons, qui ne l'avait suivi
qu'à regret, parce qu'il souhaitait d'être nommé président d'un
conseil que le roi venait d'établir, et que le prince de Conti lui
avait été préféré, s'en vengeait en faisant essuyer à ce prince
tous ses caprices et sa mauvaise humeur. Il eut beau faire, il ne
put pousser Sa Majesté, quelque irritée qu'elle fût contre lui,
jusqu'à en arracher un ordre de se retirer, qui était tout ce
qu'il demandait, et il fut obligé de se retirer de lui-même, sur
un prétexte si frivole qu'à peine peut-on l'appeler un prétexte.
Sur le bruit de l'approche du connétable de Castille, le roi
s'étant fait amener, par le connétable de Montmorency et le
maréchal de Biron, les deux corps de troupes qu'ils com-
mandaient, le comte de Soissons prétendit que sa charge de
grand-maître de la maison du roi lui donnait le droit de conduire
en chef toutes ces troupes, en l'absence de Sa Majesté, et il le
déclara à elle-même. Le roi ne jugea pas devoir seulement parler au connétable et au maréchal de souffrir un passe-droit de
cette nature, et s'efforça de faire revenir le comte de Soissons
de cette ridicule idée. Le comte, qui ne péchait point par ignorance, le quitta avec un feint mécontentement, et engagea une
partie des gens de guerre qu'il avait sous sa conduite à en faire
autant. Le roi dépêcha aussitôt un courrier chargé de lettres
pour son conseil, qu'il avertissait de prendre de justes mesures
sur la fuite du comte de Soissons. Le même courrier en laissa

(1) Charles de Bourbon, comte de Soissons.

une pour Sully en passant par Moret. Le roi ne savait pas encore qu'il s'y était retiré ; car ils en étaient convenus ensemble, afin de dérober aux ennemis de M. de Rosny la connaissance de son intelligence avec Sa Majesté.

Trois ou quatre jours après la réception de cette lettre, les domestiques de Sully vinrent l'avertir qu'il venait d'arriver des gens de guerre qui prétendaient avoir leur logement à Saint-Mamert, village sur le confluent de la Seine et du Loing, de la dépendance de Moret, et qui n'en est éloigné que d'un quart de lieue. M. de Rosny envoya Camord savoir qui ils étaient et quel était leur dessein. Non-seulement ils ne lui rendirent point, par ce gentilhomme, les civilités usitées en pareil cas, mais encore ils lui répondirent insolemment qu'ils étaient en droit de loger partout où leurs chevaux se trouvaient fatigués, sans qu'on pût rien exiger d'eux que de ne faire aucun dégât. Ils refusèrent de nommer leurs capitaines, et dirent seulement qu'ils étaient au comte de Soissons. Pour mettre encore davantage ces officiers dans leur tort, Sully crut devoir leur écrire une seconde fois, que puisqu'ils appartenaient au comte de Soissons, qui lui faisait l'honneur de l'aimer, ils devaient venir loger à Moret ; qu'il leur ferait donner place dans les hôtelleries et chez les bourgeois où ils seraient plus commodément. Il y glissa seulement un mot pour leur montrer qu'il sentait bien la manière dont ils avaient reçu son député. Camord, que M. de Rosny voulut charger de ce second message, lui dit que cela ne servirait qu'à accroître l'insolence de ces officiers, qui n'étaient venus que dans un dessein prémédité de l'insulter, ce qu'il confirma par plusieurs autres circonstances de sa réception, qu'il lui avait cachées pour éviter un plus grand malheur. Madame de Rosny, qui était présente à ce rapport, commença à se laisser aller à des frayeurs de femme, et en accusant Camord d'imprudence, elle dit qu'elle aimait mieux que tout le village de Saint-Mamert fût ruiné de fond en comble, que de voir son époux, pour si peu de chose, brouillé avec le comte de Soisson, et exposé à un démêlé avec ses officiers.

Sully imposa silence à son épouse, et, commençant à faire arrêter cinq ou six de ces cavaliers qui étaient venus faire raccommoder leurs équipages dans Moret, et acheter des denrées, il renvoya Camord vers ces officiers impolis. Il fut encore plus mal reçu cette fois. Peu s'en fallut qu'on n'usât de violence contre lui. On se plaignit, avec de grandes menaces, de la détention des soldats. Il n'était plus possible de dissimuler, et il ne restait à Sully d'autre parti à prendre que se faire raison à lui-même, en continuant d'user de toute la modération possible. Il fit retenir douze autres cavaliers qui venaient d'entrer dans Moret, et, rassemblant en deux heures cent cinquante arquebusiers et trente cavaliers, il prit avec lui les trente cavaliers, cinquante des arquebusiers, et trente piquiers, avec lesquels il s'avança vers Saint-Mamert, par le chemin de terre qui y conduit et qui est fort couvert, pendant que le reste de sa troupe fit le même trajet par la rivière, sur un bateau plat et couvert de planches, et arriva, en même temps que lui, sous les maisons du village qui bordent la rivière. Les agresseurs, voyant cette double escorte de Sully, détachèrent quelques-uns des leurs qui, s'adressant à M. de Rosny, lui demandèrent ce que cela signifiait : « Rien autre chose, leur répondit-il froidement, sinon que ce village étant à moi, j'y mène loger mes gens de pied, qui en font leur quartier. » Les officiers comprirent, par ces paroles, qu'il n'était pas d'humeur à leur céder. Ils envoyèrent lui faire des excuses, et lui dirent qu'ils allaient se retirer dans le moment, n'ayant point compté loger sur ses terres malgré lui. En effet, ils payèrent ce qu'ils avaient acheté, et remontèrent tous à cheval, sans seulement demander leurs prisonniers que Sully leur renvoya lorsqu'ils furent sur le coteau de Dormeilles. Ils l'en remercièrent, et lui firent des offres de service qui achevèrent de l'apaiser. Il envoya même aux officiers douze bouteilles de vin et deux pâtés. Après quoi il monta à cheval pour aller, suivant l'ordre qu'il venait de recevoir de Sa Majesté, prendre avec le prince de Conti des mesures contre la désertion du comte de Soissons.

———

Sully à la prise de Dreux. — Le gouvernement de cette place lui est refusé.

Le roi, ayant fait un emprunt considérable sur la ville de Mantes pour l'expédition du siége de Dreux, partit de cet endroit au commencement d'avril 1593, et vint passer la rivière d'Eure à Serisy, pendant que Sully, de son côté, assemblait et conduisait l'artillerie nécessaire; l'amiral de Biron investit par son ordre la ville, qui fit peu de résistance. Toute la difficulté consistait dans le château et surtout la tour Grise, qui était à l'épreuve du canon. Sully promit au roi de l'emporter s'il voulait lui donner quatre mineurs anglais et écossais, et certain nombre de travailleurs. L'entreprise de M. de Rosny ne manqua pas d'être bien frondée, et les envieux saisirent avidement cette occasion de le mortifier; le roi lui-même doutait de la réussite; cependant il lui accorda ce qu'il lui avait demandé. Sully conduisit ses mineurs et ses pionniers au pied de la tour où, pour les garantir du feu et des efforts des assiégés, il les couvrit de mantelets et de fortes pièces de bois;

cela fait, il les fit travailler avec tant d'ardeur, que, de trente-six pionniers qu'il avait, il n'y en avait que quatre qui pussent travailler à la fois, la dureté de la pierre les épuisant de forces et les couvrant de sueur presque dans le moment qu'ils commençaient leur travail. Aussitôt ils étaient relevés par quatre autres, et l'ouvrage ne discontinuait pas, quoique ceux du dedans cherchassent à le détruire en précipitant de gros carreaux de pierre et en faisant un fort grand feu.

Lorsque Sully vit que, malgré cette vigoureuse défense, il avait fait dès le premier jour une ouverture de cinq pieds de hauteur, de trois de largeur et de quatre de profondeur, il tint le succès presque infaillible. Six jours se passèrent dans le même travail. M. de Rosny enferma trois ou quatre cents livres d'excellente poudre dans plusieurs chambres de six ou sept pieds en carré, pratiquées dans l'épaisseur du mur qu'il referma ensuite avec de bonnes pierres liées par le plâtre, ne laissant de passage qu'à deux grosses saucisses de cuir sec, remplies de poudre, qui touchaient d'un bout à la poudre enfermée, et se rejoignaient au dehors de la tour, vis-à-vis une traînée à laquelle on devait mettre le feu. C'est à cette occasion que le duc de Montpensier ayant voulu venir voir disposer cette machine, y reçut un coup d'arquebuse au visage.

Tout le monde attendait impatiemment, pour la confusion de Sully, le résultat de ce grand travail; et lorsqu'on sut le moment où il devait y faire mettre le feu, on s'assembla pour en voir l'effet. Il ne fut pas prompt, ce ne fut d'abord qu'un bruit sourd, accompagné de beaucoup de fumée; et dans ce moment M. de Rosny essuya mille regards méprisants et autant de traits de raillerie sur sa mine. Il eut bientôt sa revanche. Au bout d'un demi-quart d'heure, un tourbillon de fumée beaucoup plus épais s'éleva de la tour, et dans l'instant on la vit se séparer précisément par la moitié. Une moitié s'affaissa, entraînant sous ses ruines hommes et femmes qui y furent ensevelis; l'autre demeura sur pied, de manière qu'elle laissait voir à découvert sur ses planchers tous ceux qui y étaient enfermés, à qui la consternation d'un accident si effrayant, jointe aux décharges qui leur furent aussitôt faites, fit jeter mille cris lamentables. Le roi en eut compassion, et défendit qu'on tirât davantage. Il envoya chercher ces malheureux, et leur donna à chacun un écu. Le château se rendit aussitôt, et Sully comptait que cette fois on ne lui refuserait pas le gouvernement d'une ville prise presque par son seul moyen; mais d'O se fit un triomphe de l'emporter sur lui, et M. de Rosny lui céda, après que le roi lui eut représenté que dans les termes où il en était avec le parti catholique, la politique ne demandait pas qu'on l'aigrît pour un sujet si léger.

Démêlés de Sully avec Sancy. — Il découvre les friponneries
du conseil des finances.

De toutes les calomnies que MM. du conseil avaient inventées pour frapper le coup de la disgrâce de Sully, aucune ne leur avait paru plus spécieuse que de faire entendre au roi qu'il avait rempli les prisons des officiers et commis de ses finances, et ils jugèrent à propos d'y ajouter que, par une vaine bravade, il en traînait à sa suite cinquante des principaux enchaînés. Le roi ne soupçonnant aucun mensonge dans une imputation si positive, reçut M. de Rosny, lorsqu'il alla le saluer en arrivant à Rouen, d'un air qui lui fit juger que ses envieux avaient fait jouer d'étranges ressorts. Ce prince lui fit l'honneur de l'embrasser, mais avec une indifférence et une froideur qui ne lui étaient pas ordinaires. Il lui demanda pourquoi il s'était chargé si inutilement d'un argent (1) que des personnes, qu'il savait bien qu'il n'avait pas envie de mortifier, étaient dans l'usage de toucher par elles-mêmes, et il fut fort surpris d'entendre que, de tout ce que M. de Rosny apportait, Sa Majesté n'en devait pas un denier aux princes du sang, ni à aucun des pensionnaires de l'État; qu'ils étaient tous payés du quartier d'avril, qu'ils le seraient aussi exactement de ceux de juillet et d'octobre, parce qu'il n'avait rien anticipé sur les fermages courants.

« Pardieu! reprit le roi, après avoir répété plusieurs fois ces paroles à Sully, et même lui en avoir fait jurer la vérité, voilà de méchantes gens, et d'impudentes impostures! mais, ajouta-t-il, quant à tous ces receveurs et officiers que vous retenez prisonniers à votre suite, qu'en ferez-vous? » L'étonnement que cette question causa à M. de Rosny fut capable seul de persuader au roi que cette accusation était sans aucun fondement. Il fut aisé à Sully d'apercevoir, en ce moment, que la malignité de MM. du conseil retombait tout entière sur eux-mêmes, et qu'elle déclarait mieux au roi leurs secrets motifs,

(1) Le roi ne se prêta pas d'abord aux rapports de MM. du conseil; ensuite il commença à craindre quelques mauvais effets du peu d'expérience de Sully, et il l'invita, simplement par lettre, à revenir au plus tôt; mais enfin, lorsque ses ennemis eurent si bien lié la partie, par eux et par leurs amis, qu'il se fit comme un cri général à la cour contre lui, ce prince vint à appréhender qu'il n'usât de son pouvoir avec une dureté qui le rendît odieux lui-même, et alors, au lieu d'une simple invitation, il en reçut un ordre des plus absolus de revenir à Paris. M. de Rosny obéit sans répliquer : il fit dresser promptement quatre bordereaux pour ses quatre généralités; il les fit signer des huit receveurs généraux, et n'ayant pas eu le temps de convertir ses cent mille écus en espèces d'un plus petit volume, il en fit charger soixante-dix charrettes, qu'il voulut que les huit receveurs généraux accompagnassent, sous la garde d'un prévôt et de trente archers de la maréchaussée, qui les conduisirent à Rouen, où le roi venait de se rendre pour l'ouverture des états. Sully, à cette époque, venait d'entrer dans le conseil des finances, et parcourait les généralités.

que tout ce qu'il pouvait lui dire. Le roi ne lui demanda aucun autre éclaircissement; au contraire, il le combla de louanges et de caresses.

On avait dit à ce prince que la somme que M. de Rosny avait levée ne pouvait être que très-médiocre. Sur la question qu'il lui en fit, il lui répondit que n'ayant rien voulu retenir par ses mains, ni pour ses frais, ni pour sa pension, ni pour sa dépense, afin que les receveurs généraux retrouvassent la même somme qui était couchée sur les bordereaux, Sa Majesté en ferait elle-même la déduction sur les quinze cent mille livres. Une somme si considérable fit beaucoup de plaisir au roi, qui en avait un besoin extrême. Il lui dit qu'il aurait soin que toute sa dépense lui fût payée, et qu'outre sa pension de dix mille livres par mois, qu'il haussait jusqu'à dix-huit mille, il lui accordait en pur don six mille écus pour récompense de ce service; il lui défendit de rien dire de ce qui venait de se passer entre eux, et l'envoya mettre à part sur cette somme ce qu'il fallait pour les montres de six compagnies suisses sur le pied de dix-huit cents écus chacune, pour faire, dès le lendemain, ce payement qui pressait.

Sully alla retrouver ses voituriers, que les archers gardaient dans deux cours du sieur de Martinbault. Il fit décharger et ranger par ordre les barriques dans des appartements dont les serrures furent changées et renforcées de gros cadenas à trois clefs; les deux receveurs en eurent chacun une, et M. de Rosny la troisième; il envoya dès le lendemain de grand matin aux officiers suisses, par trois commis escortés de dix archers, les dix mille écus qui leur étaient dus.

Quelques moments après que Sully eut fait partir cette escorte, Sancy (1), à qui le roi avait dit qu'il fallait payer les

____

(1) Nicolas de Harlay de Sancy.

Suisses, et qui était ordinairement chargé de cet emploi, envoya à M. de Rosny un billet par lequel il lui mandait de faire délivrer au sieur Le Charron, qui en était le porteur, quatre-vingt-dix mille écus pour la montre des Suisses. Ce conseiller n'agissait et ne parlait point autrement; il aurait cru se dégrader s'il était descendu à quelque politesse ou à quelque explication avec ses confrères. Sully ne trouva point de son goût une lettre si sèche, et encore moins l'effronterie avec laquelle il lui demandait le triple de la somme qu'il savait être due. Il répondit aussi dédaigneusement au porteur qu'il ne connaissait ni Sancy, ni son écriture, ni ses ordres. « Comment! vous ne connaissez pas M. de Sancy? » dit Charron ne plaignant son aveuglement, car à ce nom tout tremblait dans le conseil, et Sancy y tenait un rang qui approchait fort de la surintendance. Comme il vit que M. de Rosny ne changeait rien à sa réponse, il vint la rapporter, mais avec toute la timidité d'un valet qui craint un maître de mauvaise humeur. Malheureusement pour Sancy, il se la fit faire devant plusieurs témoins qui le furent aussi de son emportement. « Eh pardieu! dit-il, nous verrons, s'il ne sait pas qui je suis. » Après avoir traité Sully comme il jugea à propos, il vint de ce pas à Saint-Ouen trouver le roi, qui lui dit : « Eh bien! Sancy, n'allez-vous pas faire montre à nos Suisses? — Non, Sire, reprit Sancy d'un air mutin, je n'y vais pas, car il ne plaît pas à votre M. de Rosny, qui fait l'empereur dans son logis, assis sur ses caques d'argent, comme un singe sur son bloc, et dit qu'il ne connaît personne, et je ne sais si vous y auriez plus de crédit que les autres. — Que veut dire cela? reprit le roi. Je vois ce que c'est : on ne sera jamais las de faire de mauvais offices à cet homme-là, parce que je me fie en lui et qu'il me sert bien. » Sa Majesté ajouta qu'elle avait d'autant plus de peine à croire au refus de Sully, que ce gentilhomme était convenu avec elle-même de donner cet argent aux Suisses. Sancy se fit appuyer de Le Charron qu'il avait amené. Le roi se doutant de quelque nouveau trait de malignité, se tourna vers les valets de chambre, et commanda à Biart d'aller chercher M. de Rosny.

Du plus loin que le roi aperçut Sully, il lui demanda ce qu'il y avait entre Sancy et lui. « Je vais donc vous le dire, Sire », lui répondit-il hardiment, et, sans craindre le ressentiment du redoutable Sancy, il lui fit le récit de ce qui s'était passé, d'une manière qui dut mortifier sa vanité. Sancy n'était pas homme à plier; il ajouta fierté sur fierté, et, le prenant sur un ton impérieux, il s'éleva bientôt entre eux deux une dispute si vive, quoique en présence du roi, que Sa Majesté fut obligée de leur imposer silence. Sully cessa, dans le moment même, de parler à son adversaire, et, se tournant vers le roi, il le pria de ne point lui donner de supérieur dans les choses où il agissait par ses ordres. La galerie de Saint-Ouen où se passa cette scène était remplie d'un monde infini dont la plupart, las des hauteurs de Sancy, étaient charmés de lui voir recevoir cette petite disgrâce. « Il sera bien difficile, disaient-ils, que ces deux esprits exercent longtemps les mêmes fonctions, sans que l'un supplante l'autre; mais de l'humeur dont est le roi, le meilleur ménager sera son homme. »

Le bruit des grandes sommes que Sully avait fait revenir dans les coffres du roi ne fut pas plutôt répandu qu'il se vit accablé d'un nombre infini de créanciers sur le roi, envoyés, pour la plupart, par MM. du conseil qui, outre l'envie qu'ils avaient de voir disparaître dans peu cette somme, étaient convenus avec tous ces solliciteurs qu'ils retireraient sur leurs créances leurs profits ordinaires. La principale vue de Sully, en levant cet argent, ayant été de faire un fonds pour les entreprises militaires que le roi devait bientôt commencer, sans qu'on fût obligé de surcharger le peuple de nouveaux impôts, il n'eut garde de le laisser dissiper; il résista aux importunités, et il tint bon contre les menaces et les fiertés; mais après qu'il eut fait réflexion qu'il était indispensable de renvoyer enfin chez eux les huit receveurs généraux qui avaient seuls connaissance de l'emploi qu'il faisait de l'argent amassé, il craignit de donner trop de prise à la calomnie en demeurant, après leur départ, saisi seul d'une grosse somme, et il résolut de la mettre au trésor royal. Le roi, qui ne trouvait son argent en sûreté qu'entre les mains de Sully, essaya plusieurs fois de vaincre ses scrupules. M. de Rosny était déterminé à prévenir, sur ce sujet, jusqu'au moindre soupçon, et il persista à en charger les deux trésoriers, Morfontaine et Gobelin. Il rassura en quelque manière Sa Majesté, en lui promettant qu'il veillerait si soigneusement à l'emploi de ces deniers, que rien ne serait perdu. Il en sépara, en présence des receveurs, ce qui était nécessaire pour payer le service actuel des gens de guerre, les frais d'une artillerie de vingt pièces de canon, avec les équipages doubles, et trois mille coups de poudre à tirer, outre un convoi d'autres ustensiles propres à un siége, comme pics, pelles, etc., qu'il fit voiturer à Amiens. Il en ôta encore cinquante mille écus pour les usages particuliers et les menus plaisirs du roi. Il calcula exactement ce qui restait, montant encore à quatre cent cinquante mille écus, et il garda avec soin tant ses anciens bordereaux que ceux qui constataient les sommes prises sur le total. Mais voulant éprouver une seconde fois de quoi MM. du conseil et leurs receveurs généraux étaient capables, il affecta une fort grande négligence sur cette distraction de deniers; et lorsque ceux-ci, prêts à partir pour leurs bureaux, vinrent lui demander un double de ses bordereaux, il leur répondit que ne prenant plus aucun intérêt à une somme qui avait passé en d'autres mains, et eux-mêmes ayant été présents à tous les emplois de deniers, il avait déchiré toutes ces pièces comme inutiles, ce que les receveurs ne manquèrent pas de faire savoir à leurs maîtres.

Un mois se passa pendant lequel on prit sur la somme portée au trésor royal le montant de quelques payements dont Sully feignait pareillement ne tenir aucun compte ; mais ici l'erreur était impossible, parce que rien ne se payant que sur les ordonnances du conseil, qu'on ne saurait supprimer, il suffisait d'en tenir, comme il faisait, un mémoire exact. Les ordonnances montaient à près de cinquante mille écus, et, par conséquent, il en devait rester encore dans la caisse quatre cent mille. Cependant le roi ayant demandé, quelques jours après, une somme de deux cent mille écus, pour être envoyée à Amiens, où l'on faisait déjà les préparatifs projetés, et, en particulier, celui de prendre Hesdin, Sancy et les autres répondirent tous qu'ils croyaient que cette somme pouvait encore se trouver dans l'épargne, mais aussi qu'après cela elle allait être à sec ; et ils firent venir d'Incarville qui devait être plus au fait, comme tenant les registres, et qui assura qu'à grand'peine restait-il deux cent mille écus dans les coffres. Le roi, à qui M. de Rosny avait dit, trois jours auparavant, qu'il devait encore y avoir quatre cent mille écus, fut extrêmement surpris ; mais voyant l'assurance avec laquelle ils lui parlaient, il les crut, et il dit à Sully qu'il se trompait. M. de Rosny était si certain du contraire, qu'il soutint en face à d'Incarville, devant tous ses confrères, que Sa Majesté avait fait appeler, qu'il se méprenait de moitié ; d'Incarville répliqua que ses registres étaient plus sûrs que sa mémoire, et offrit d'apporter le lendemain un extrait de toute la dépense. Sully voyait d'où leur venait une si grande confiance, et il voulut les laisser se flatter jusqu'au dernier moment qu'ils allaient remporter sur lui une pleine victoire ; il eut même assez de courage pour cacher au roi l'artifice dont il s'était servi, et pour essuyer, sans rien dire, tous les reproches qu'il lui fit de s'être défait, contre son avis, de la somme entière.

Les états ayant été apportés le lendemain, et bien vérifiés, il ne se trouva dans la dépense aucune erreur ; elle aurait été trop facile à découvrir ; elle était tout entière dans la recette, et fondée sur ce qu'on croyait que Sully avait réellement perdu les bordereaux ; et ils faisaient foi de la quantité et de la qualité des espèces portées à différentes fois au trésor royal. M. de Rosny admira secrètement avec quelle finesse on avait jeté sur tout ce chapitre de recette une obscurité impénétrable à tout autre qui n'aurait pas eu la preuve en main, et avec quel art on donnait pourtant à cette obscurité un air de vérité et même d'évidence. Sully demanda à voir les récépissés, avec une feinte mauvaise humeur qui paraissait à ces messieurs un aveu de sa défaite. Le conseil offrit de faire déposer les receveurs généraux sur la quantité des voitures faites au trésor royal ; M. de Rosny répondit que la discussion serait trop longue. D'Incarville, à qui l'embarras simulé de Sully donnait beau jeu, répliqua qu'il vînt donc sur les lieux visiter les registres des finances, parce qu'ils ne devaient point sortir du bureau ; quoiqu'il comprît facilement qu'il n'était pas impossible que ces registres mêmes, tout publics et tout authentiques qu'ils sont, ne fussent falsifiés comme le reste, il n'en imaginait pourtant pas trop la manière, chacune des voitures devant avoir son récépissé, signé de MM. Arnaud et de l'Hôte dont il connaissait l'écriture. Il fut donc curieux de voir ces registres. Tout lui parut dans l'ordre et la forme ordinaires. MM. du conseil commencèrent alors à l'insulter, et ils usaient fort mal de leur prétendu avantage.

Sully crut qu'il était temps de leur fermer la bouche, et de les couvrir à leur tour d'une véritable confusion : il produisit, d'un côté, les états et bordereaux signés des receveurs généraux, de l'autre, un mémoire fidèle de toutes les ordonnances, ce qui fit tomber en un instant toute leur arrogance. Ils allaient être réduits à convenir de leur friponnerie, lorsqu'ils s'avisèrent d'un stratagème si grossier, que M. de Rosny leur en laissa toute la honte. Un commis adressé par d'Incarville vint trouver le roi et lui dit que l'Hôte, qui gardait la clef de la salle des registres, s'étant trouvé absent un jour qu'il arriva une de ces voitures la plus considérable, et les receveurs qui la conduisaient étant fort pressés de s'en retourner, il avait cru pouvoir inscrire la somme contenue dans la voiture sur une simple feuille volante, dans le dessein de la faire ensuite viser et signer par d'Incarville, et insérer dans les registres; mais qu'étant allé lui-même chez d'Heudicourt, il en avait perdu le mémoire, dont il demandait pardon à Sa Majesté; le roi se contenta d'ordonner, avec une légère réprimande, qu'on eût dans la suite plus soin des registres, et, s'avançant vers le connétable qui entrait dans ce moment par le bout de la galerie où ceci se passait, et qui s'était montré dans tout ce démêlé plus favorable à MM. du conseil qu'à M. de Rosny, il lui cria de fort loin, et en présence de beaucoup de monde, que son argent était retrouvé, et qu'il allait lui faire reconnaître une bonne fois ceux à qui il devait se fier. Ce fut ainsi que Sully triompha de ses ennemis et découvrit les friponneries du conseil des finances.

Sully assiége Charbonnières et le prend. — Danger qu'il court
devant Montmélian.

La première difficulté qu'éprouva Sully en mettant le siége devant Charbonnières, fut de faire approcher du canon à portée de la place. Le seul chemin qui y conduit est extrêmement étroit, bordé d'un côté par la rivière d'Arc, dont toute la rive est coupée de droit fil, et de l'autre par des roches impraticables. On pouvait à peine faire une lieue par jour, parce que, à tout moment, on était obligé de dételer le canon, une des roues portant presque toujours à faux sur le précipice. On avait promis un temps favorable à M. de Rosny, parce qu'il est presque toujours beau dans ce climat pendant l'automne; cependant il survint des pluies si fortes et de si grands débordements, que les huit jours qu'il avait assuré suffire pour s'emparer de la place avaient presque été consumés en voitures seulement; c'est l'excuse qu'il apporta dans le conseil, contre la remarque maligne que le comte de Soissons et les autres ne manquèrent pas d'y faire, sur la promesse qu'il avait faite. Le roi, qui regardait dans ce moment Sully, apercevant qu'il avait le visage entièrement couvert de boutons et de rougeurs, accourut, et, après l'avoir déboutonné, il s'écria, en regardant son cou et sa poitrine : « Ah! mon ami, vous êtes perdu! » Il fit appeler du Laurens, qui, après avoir examiné ces pustules, dit qu'une saignée et un peu de ménagement les dissiperaient, ce n'était qu'une ébullition de sang, pour avoir travaillé, sué, et s'être refroidi, après avoir été pénétré par la pluie, et qu'il ne sentait pas lui-même. Il se fit saigner sitôt qu'il fut arrivé à Semoi qui était son quartier. Le roi prit le sien à la Rochette, d'où il lui envoya le lendemain Thermes pour s'informer de l'état de sa santé, et fut fort surpris lorsque Thermes lui rapporta qu'il l'avait trouvé à cheval, visitant ses batteries.

Avant que de les dresser, Sully voulut reconnaître la place encore plus exactement, en commençant par Aiguebelle; c'est ainsi qu'on nomme la petite ville qui est au pied du fort. Il lui sembla qu'il était reconnu partout et que tout conspirait contre

.ui, tant il essuyait de décharges dès qu'il osait seulement se montrer. Le roc sur lequel Charbonnières est situé lui parut comme inaccessible de tous côtés et sans aucune prise pour le canon. Il en fut véritablement affligé; cependant, à force d'examiner, il crut remarquer un endroit où ce qui paraissait par dehors un roc naturel, pouvait bien n'être qu'un remplage de terre recouvert de gazon. Il modéra le plaisir que lui faisait cette découverte jusqu'à ce que la nuit lui eût donné les moyens de s'en assurer. Il s'approcha fort près du mur, à la faveur des ténèbres, et ce fut avec un véritable transport de joie qu'en sondant le terrain avec sa pique, il trouva qu'elle avançait tout autant qu'il voulait, et que ce bastion était tel qu'il l'avait jugé. Il ne balança plus par quel côté il ferait battre le fort, et il ne fallut que trouver dans la campagne un endroit propre à asseoir les batteries; car tous les environs de Charbonnières sont à la vérité couverts de montagnes qui commandent la place, mais si escarpées qu'un homme à pied a bien de la peine à y monter. Il se mit encore à camper le long de ces montagnes qui lui parurent en effet horribles et inabordables au canon, excepté une seule sur le penchant de laquelle il vit un chemin où il y avait quelque apparence qu'à force de bras on pourrait guinder quelques pièces de canon. Le malheur est que ce chemin unique débouchait dans un autre qui passait si près du fort qu'on pouvait y atteindre avec des pierres.

Ce fut un obstacle de plus, mais qui ne refroidit pas Sully. Il choisit deux cents Français et autant de Suisses à qui il promit chacun un écu s'ils venaient à bout de monter par ce chemin six canons qu'il leur donna, sur la hauteur qu'il leur montra. Il choisit pour cette manœuvre une nuit fort noire. Il leur recommanda surtout de faire le moins de bruit qu'ils pourraient, et, pour empêcher les assiégés d'y faire attention, il fit avancer par des chemins opposés des chevaux et des charretiers dont les cris et le claquement des fouets attirèrent tout le feu des ennemis de ce côté, sans aucun effet, parce que tous ces charretiers ne marchaient que bien couverts d'arbres, de gabions et même de murailles. Cependant ses travailleurs échappaient aux assiégés étourdis de leur propre feu. Il avait nommé pour veiller sur cette extraordinaire voiture et pour encourager ses gens, La Vallée, lieutenant d'artillerie en Bretagne, avec quelques autres officiers. Il survint une pluie si forte que La Vallée et les officiers laissèrent leur poste pour aller souper, et les soldats leur canon à moitié chemin. Il soupçonna ce qui était arrivé, et ayant pris ce chemin, il les rencontra comme ils se retiraient. Il les réprimanda sévèrement; il les menaça qu'ils n'auraient d'argent de trois mois; enfin il les ramena à l'heure même reprendre le collier : ils s'attelèrent, et le canon recommença à rouler. Il ne les abandonna plus que quand il les vit hors de danger, ce qui n'arriva pas sans quelque échec. Le retardement qu'ils avaient apporté les fit découvrir sur la fin, et il y en eut six de tués et huit de blessés.

Sully regagna son quartier pendant l'obscurité, si trempé de pluie et si couvert de boue qu'il n'était pas reconnaissable; mais d'ailleurs extrêmement satisfait d'avoir mis ses six pièces hors d'état d'être insultées, quoiqu'elles ne fussent pas encore sur le haut des rochers. Il dormit une heure; il déjeuna ensuite, et retourna pour finir ce travail. Il rencontra La Vallée qui, ne sachant pas ce qu'il avait fait, commença à se faire fête de l'ouvrage de la nuit. On ne doutait point que les assiégés ne cherchassent à réparer leur surprise; cela n'empêcha pas qu'à neuf heures du matin, sans aucun secours de chevaux, et par les seuls bras de ses travailleurs, le canon n'arrivât enfin sur le haut du rocher où M. de Rosny avait fait provision, pendant ce

temps-là, de gabions, de madriers et de tout ce qui est nécessaire pour faire des plates-formes.

Un dernier inconvénient, c'est que, quand il fallut remplir
les gabions, il ne se trouva point de terre à plus d'un demi-
quart de lieue; tout ce qu'on pouvait tirer de ce terrain ingrat,
n'était que du pierrottage, dont on ne pouvait pas même se
servir pour former les embrasures et les plates-formes, sans
risquer à faire estropier tout le monde. Les officiers qui,
faute de ce secours si commun, se voyaient exposés à tout le
feu de la place, vinrent apprendre à Sully leur situation avec
beaucoup d'effroi; il leur dit, sans faire semblant d'être ému,
qu'ils commençassent toujours la palissade qu'il avait ordonné
qu'on fît le long du bord des rochers, en la faisant faire fort
haute et fort épaisse, pour dérober du moins aux ennemis la
vue du canon qu'ils auraient pu démonter, ce qui fut promptement exécuté, ces montagnes étant presque toutes couvertes
de bois. Pour suppléer au reste, il fit abattre par les charpen-
tiers et pionniers de l'armée deux cents gros hêtres qui furent
taillés en billots, les uns ronds pour remplir les gabions, les
autres carrés pour former solidement le logement des six pièces
de canon; et afin de cacher encore davantage aux ennemis leur
dernière position, à quoi contribuait beaucoup la palissade
avec toute sa ramée, il avait fait percer, sur les deux côtés,
quantité d'embrasures gabionnées sur lesquelles les ennemis
ne discontinuaient point de tirer; et ils ignorèrent l'endroit de
la palissade où était l'artillerie, jusqu'au moment où, tout
étant prêt pour faire taire celle du fort, on devait lever la palissade qui couvrait le canon.

A deux heures après midi tout ce travail était parfait, et Sa
Majesté vint le visiter environ une heure après. Elle marqua
à M. de Rosny, en l'embrassant, la satisfaction qu'elle en res-

sentait. Elle ne voyait aucune difficulté à faire commencer en ce moment à battre. Sully lui fit comprendre qu'il était encore nécessaire d'en imposer aux assiégés jusqu'à ce que la nuit fût venue. Ce prince se rendait à son avis, mais le comte de Soissons, MM. d'Épernon, la Guiche et Villeroy qui le suivaient, lui ayant fait observer que son canon n'avait pour objet qu'un roc, vis-à-vis duquel il était inutile de perdre plus de temps, le roi se rapprocha de Sully, et lui dit qu'il voulait qu'on tirât à l'heure même quelques volées de canon sur le ravelin opposé. M. de Rosny fit encore ses représentations, et peut-être avec un peu trop de chaleur. Il lui fâchait beaucoup de voir un ouvrage qui lui avait tant coûté, exposé à être détruit par trop de précipitation. Sa résistance mit en colère le roi qui lui commanda une seconde fois, et d'une manière très-absolue, de faire tout ce qu'il demandait, en ajoutant même qu'il oubliait qu'il était le maître. « Oui, Sire, lui répondit aussitôt M. de Rosny, vous êtes le maître, et vous allez être obéi, quand je devrais tout gâter. » Il fit renverser la palissade, et donna ordre qu'on tirât; mais il ne voulut pas en être le témoin : il se retira fort chagrin.

Comme le canon n'était pas pointé, tout le monde s'en mêla, et l'adressait où bon lui semblait, sans que personne atteignît au véritable endroit. Après une centaine de coups perdus, le roi envoya La Guesle chercher Sully pour se plaindre à lui du mauvais effet de ses batteries. Il répondit à La Guesle, qu'il priait Sa Majesté de l'excuser; mais que le soleil étant prêt à se coucher, il n'était plus temps de rien entreprendre. Sa Majesté fit cesser de tirer; et tout le monde s'étant retiré, M. de Rosny vint coucher au milieu de ses batteries, qu'il fit perfectionner tout le reste de la nuit, malgré la pluie qui continuait en abondance. Les assiégés travaillaient aussi beaucoup de leur côté, et n'étaient pas sans appréhension qu'on ne trouvât enfin l'endroit faible vers lequel ils portaient leur principale attention. Sully en jugeait ainsi par les feux et les chandelles qu'il voyait allumés dans le fort. Il se contenta d'interrompre leur sécurité par quelques coups de canon tirés de temps en temps.

A la pointe du jour, il s'éleva un brouillard si épais, qu'à six heures on ne voyait pas encore le fort. Ce contre-temps fâchait Sully, parce que toutes ses batteries étaient prêtes, et qu'il s'était vanté la veille qu'il prendrait Charbonnières dans la journée. Il s'imagina que l'agitation de l'air causée par le canon dissiperait peut-être le brouillard. Il en fit tirer quelques volées à coup perdu ; soit hasard, soit effet naturel, ce qu'il n'avait proposé que par jeu, réussit au-delà de son espérance. Tout le reste de l'artillerie n'eût pas plutôt répondu au canon de dessus la montagne, que le brouillard disparut. Ce qui avait occupé les assiégés toute la nuit, était l'établissement d'une batterie de quatre pièces de canon, vis-à-vis les six de M. de Rosny, que l'imprudence de la veille leur avait découvertes, et qu'ils cherchèrent à démonter en ce moment. Il comprit qu'il ne leur en fallait pas laisser le temps. Il fit pointer une pièce qui, donnant droit dans leur embrasure, rendit inutiles deux de leurs quatre canons, tua un canonnier et en blessa deux autres ; mais cela n'arriva qu'après que leur décharge eut tué, du côté de M. de Rosny, six canonniers et deux pionniers, blessé deux commissaires d'artillerie et douze autres personnes et enfin rendu inutiles deux de ses pièces, jusqu'à ce qu'on les eût délogées de là.

Le roi accourut au bruit sur les neuf heures et fit apporter son dîner dans un endroit que Sully avait fait préparer de façon qu'il pouvait tout voir sans péril ; c'était un parc fait des plus gros arbres, couchés dans leur entier les uns sur les autres, en forme de rempart. En montrant à Sa Majesté les corps de ceux qui venaient d'être tués, Sully lui fit sentir que c'était l'effet du mauvais conseil de la veille, ce qu'il ne disait pas sans dessein, voyant que ces mêmes personnes ne cessaient point et de blâmer son ouvrage, et de prévenir Sa Majesté contre lui. Il s'embarrassa peu de tous leurs discours, et il dit hautement que n'ayant point encore mangé, quoiqu'il eût travaillé toute la nuit, il laissait la place libre à tous ceux qui voudraient faire le grand maître; mais qu'à son retour, si on ne lui permettait pas de disposer seul et à son gré de ses batteries, il abandonnerait tout. Son dîner fut court; il retourna encore supplier Sa Majesté qu'on le laissât faire seul les fonctions de sa charge, et il lui renouvela la promesse que la journée ne se passerait point sans qu'il le rendît maître de Charbonnières. Le roi répondit qu'il serait content, s'il l'était seulement dans trois jours. La Guesle prit la parole et dit que s'il était dans la place, il saurait bien empêcher qu'elle ne fût prise d'un mois. « Allez-vous y en donc, leur dit M. de Rosny à tous, fatigué enfin de leurs discours; et si je ne vous fais pas tous pendre aujourd'hui, je veux passer pour un fat. »

Le roi se retira dans son enceinte et laissa Sully délivré de l'importune présence des courtisans, pendant trois heures qu'il passa à attendre son dîner et à visiter le parc entier de l'artillerie. Au bout de ce temps-là, M. de Rosny le vit revenir avec le comte de Soissons, à qui il disait assez haut pour qu'il l'entendît : « Cette place ne sera pas prise aujourd'hui. » A quoi le comte répondait d'un ton plaisant, que Sa Majesté, qui avait plus de connaissance de la guerre que personne, devait bien employer son autorité pour forcer Sully à obéir, au lieu de se consumer à battre un roc que le canon ne pouvait endommager. Il fut vengé dans le moment même. Le roi arrivait justement dans le temps que les ennemis battaient la chamade et que le lieutenant de la place en sortait pour venir traiter avec Sully. Il pria Sa Majesté de ne point entrer dans la capitulation; et il dit au lieutenant qu'il pouvait rentrer, parce qu'il voulait que la garnison se rendît à discrétion; ce qu'il fit avec une feinte hardiesse et en disant qu'ils étaient deux cents dans le fort qui sauraient bien le faire tenir encore huit jours. Le roi se retira et laissa à M. de Rosny, Lesdiguières et Villeroy qui voulaient qu'on acceptât les conditions que proposaient les assiégés. Lesdiguières mena même Sully vers le fort, pendant que le lieutenant y entrait pour lui faire comprendre que les ennemis n'étaient pas encore réduits à l'extrémité. M. de Rosny l'arrêta lorsqu'ils n'étaient plus qu'à deux ou trois cents pas de la courtine; il lui dit qu'il y aurait de la témérité à s'exposer à la bouche du canon de la place, et il prit le chemin du roc à cent pas de là, qui le mettait à couvert, pendant que ces messieurs insultaient assez mal à propos à sa prudence. Ils changèrent bientôt de langage : une décharge terrible les obligea de suivre Sully.

Le lieutenant de la place revint une seconde fois, et ne changea presque rien à ses premières dispositions. M. de Rosny le renvoya sans vouloir l'écouter; ce que voyant Villeroy, il lui dit que si la ville manquait être prise aujourd'hui, il ne pourrait se dispenser d'en faire son rapport au roi, comme d'un coup manqué par sa faute. Il ne fit pas semblant de l'entendre. Il donna aux assiégés sa dernière volonté par écrit, et il revint faire jouer ses batteries. La seconde volée mit le feu aux poudres des assiégés et leur tua vingt ou vingt-cinq hommes et six ou sept femmes; à la troisième, le petit ravelin tomba tout entier et ils ne purent plus porter de secours à la brèche, parce que le canon balayant un chemin bas qui y conduisait, leur enlevait à chaque coup leurs meilleurs soldats. Cela les fit résoudre à battre une seconde fois la chamade. Sully feignit de ne pas s'en apercevoir, quoiqu'il vît leur tambour enlevé en l'air, haut de deux toises, d'un coup de canon qui entra dans la terrasse sous ses pieds, sans lui faire pourtant aucun mal. Les assiégés élevèrent un drap au bout d'une pique, en criant qu'ils se rendaient et qu'ils priaient qu'on ne tirât plus. M. de Rosny ne cessa point encore pour cela, jusqu'à ce que les ennemis ayant tendu la main de dessus la brèche à ses soldats, il eut peur de tuer quelques Français avec eux. Sully monta à cheval et entra dans Charbonnières en courant. On pouvait en user comme avec une ville emportée d'assaut; mais il aurait fallu avoir le cœur bien dur, pour ne pas se laisser désarmer par un objet aussi digne de pitié que celui qu'elle présenta à M. de Rosny : c'étaient toutes les femmes, les blessés et les brûlés qu'ils envoyèrent se jeter à ses pieds. Au lieu d'exécuter la menace qu'il leur avait faite de les faire tous pendre, il s'en tint aux conditions qu'il leur avait imposées d'abord, et il fit conduire la garnison au lieu de sûreté qu'il avait marqué.

Le succès de Charbonnières n'empêcha pas que Sully ne trouvât de grandes difficultés encore dans le conseil à faire agréer l'attaque du château de Montmélian. La contestation fut extrêmement vive. « Regardez bien à ce que vous faites, lui dit Sa Majesté entraînée par le grand nombre; car si nous sommes contraints de lever le siége, tout le monde criera après vous, et moi peut-être tout le premier. » On ne connaissait point encore dans ce temps-là, ce que peut, pour un siége, une artillerie forte et bien servie. Ce qui venait de se passer devant Charbonnières avait si fort confirmé les idées que M. de Rosny s'était formées à cet égard, qu'il ne fit point difficulté de s'engager hautement à emporter Montmélian dans cinq semaines, comme il l'avait déjà promis dans un premier conseil. Il n'y mit qu'une condition, que Sa Majesté ne put lui refuser, parce qu'elle l'accepta d'avance, sans la savoir, c'est qu'elle ne se trouverait point à ce siége. Sully prévoyait qu'il serait meurtrier. Il montra le plan de la ville et celui de l'attaque qu'il avait tracés ; et, tout le monde étant convenu de le laisser faire, il vint mettre le siége devant le château de Montmélian.

Ce château est assis sur un roc presque aussi dur que celui de Charbonnières, si élevé qu'il commande toute la campagne, escarpé en précipice et inaccessible par tous les côtés, excepté celui de la ville, dont la pente est beaucoup moins raide, mais sur laquelle, en récompense, règne un fossé dans le roc même, large, profond et d'un travail si pénible qu'il n'a pu être exécuté qu'avec la pointe du ciseau acéré, outre trois bastions qui ne peuvent être sapés ni minés, leurs fondements étant de roc vif presque impénétrable et de plus d'une toise et demie de profondeur. La campagne est semée de quelques montagnes, mais les unes sont si éloignées, qu'elles paraissent être absolument hors de la portée du canon, et les plus proches sont d'un sommet si droit et si pointu, d'un roc si dur et si nu, que, loin de pouvoir y élever et y servir le canon, on a de la peine à croire qu'un homme y puisse gravir. La place était alors pourvue de trente pièces de canon, de poudre à tirer au moins pour huit mille coups, avec une garnison proportionnée et d'abondantes munitions.

La première réflexion qui soutint Sully contre des difficultés en apparence insurmontables, c'est que quelque ferme et continu que parût être le roc sur lequel ou plutôt dans lequel étaient construits les bastions, il était impossible qu'il fût partout d'une égale solidité, et pour peu qu'il eût un endroit faible l'artillerie qu'il avait lui assurait un passage. Pour s'en éclaircir, il commença à faire ouvrir des tranchées vis-à-vis du bastion nommé Mauvoisin, parce que sans elles il eût été impossible de s'en approcher d'assez près pour discerner si toute cette masse n'était qu'un roc entier taillé avec le ciseau ; mais le roc qu'on rencontra encore à fleur de terre, ne permit pas de pousser plus avant les tranchées.

Sully eut recours à la ruse ; il fit construire, dans une nuit fort obscure, une cabane de claies et de chaume fort près de ce bastion, et assez bas pour que le canon de la place ne pût y plonger. Elle fut criblée de coups de fusil, sitôt que le jour l'eut découverte aux assiégés ; mais elle ne fut pas renversée, et il n'y avait personne des siens. Il laissa les ennemis pendant quelques jours décharger leur colère sur cette cabane, jusqu'à ce que d'eux-mêmes, ils cessassent de tirer dessus ; ce qu'ils firent enfin, croyant qu'elle n'avait été mise là que pour leur faire consumer inutilement leur poudre. Sitôt qu'il se fut aperçu que les assiégés la négligeaient, il s'y rendit lui-même la nuit, ayant pour toute arme une grande rondache dont, en cas de besoin, il pouvait couvrir tout son corps contre les coups de feu. Il observa de là, avec le dernier soin, tout ce bastion. Il aperçut de la lumière dans le bas, d'où il conclut qu'il était creux, et par conséquent qu'il n'était pas de plein roc, et qu'il n'eût pu être percé en dedans à cette profondeur ; les assiégés y faisaient sans doute alors quelque réparation. Le jour étant venu à paraître, il vit encore que le flanc était sans épaule ; autre indice que ce n'était pas le roc pur qui formait l'un et l'autre, et que ce flanc se présentait nu et aisé à entamer avec le canon. C'en était assez, et il n'eut plus de soin que de se tirer de là sain et sauf ; ce qui n'était pas sans difficulté, en plein jour, n'étant qu'à cent pas du parapet qui était bordé de soldats, et en ayant deux cents à traverser avant que de se voir à couvert. Il prit le moment où les gardes se relevant, le soldat commence à se négliger, et laissant là sa rondache, il se mit à courir de toutes ses forces. Quatre sentinelles l'aperçurent, crièrent et tirèrent en même temps. Leur mousquetade siffla à ses oreilles et le couvrit de sable et de cailloux sans le blesser; avant que les autres soldats fussent prêts, il avait déjà gagné le plus prochain logement.

Il avait choisi d'abord pour placer une batterie de canon une élévation du côté de l'Isère, où des degrés, taillés de main d'homme, pouvaient en rendre la montée plus facile; mais depuis, en ayant reconnu de l'autre côté de l'eau une autre qui donnait sur la citadelle, et dont l'avantage était que de là on voyait le chemin qui conduit au puits du château, celui du magasin, l'entrée du donjon et le poste des corps de garde, il préféra celui-ci et il songea au moyen d'y faire arriver six pièces de canon. Cette éminence était coupée en précipice de tous côtés, un seul excepté, par lequel aussi le chemin pour y monter s'allongeait d'une lieue; mais ce ne fut pas le plus grand inconvénient; lorsque les pièces de canon y eurent été portées, on ne put pas y trouver un terre-plein assez grand pour les y exposer, et il fallut aplanir des rochers si durs que ce travail était regardé comme ridicule par la plupart des officiers.

Les ennemis n'en jugèrent pas de même; dès le moment qu'ils virent que les troupes commandées par Sully entreprenaient de se loger sur ce pic, ils pointèrent aussi six pièces de canon, et y firent un feu continuel. La première volée y fut tirée, un jour qu'il était à y faire travailler, ayant à la main son bâton de commandant, vêtu d'une mantille verte et passementée d'or, et portant sur sa tête un panache blanc et vert. Il remarqua que cette volée avait passé beaucoup au-dessus de sa tête, et que celle qui la suivit porta au contraire beaucoup plus bas. Voyant qu'on allait mettre le feu à une troisième, il

dit à Lesme, Maignan et Feugère que celle-ci pourrait bien
donner au milieu, et que sans doute les assiégés, qui l'avaient
aperçu, l'ajustaient. Il se retira de deux pas derrière un banc
de rocher, d'où il tenait d'une main sa pique plantée à l'endroit
où avait été son corps; un boulet rasa la pique, les autres al-
lèrent tuer trois pionniers et deux canonniers et cassèrent des
flacons et des bouteilles qui avaient été apportés pour faire
collation, et placés dans un trou du rocher. Cet accident fut
rapporté à Sa Majesté, comme une témérité de sa part; et ce
prince écrivit aussitôt à M. de Rosny que sa personne lui étant
encore plus nécessaire pour les affaires que pour la guerre, il
voulait qu'il se ménageât autrement qu'un simple soldat, qui
a sa fortune et sa réputation à faire, et qu'il le rappellerait s'il
n'obéissait à cet ordre.

Le roi ne put résister à l'envie de voir l'ordonnance de ce
siége, et il écrivit une seconde fois à M. de Rosny, pour le faire
consentir à lui rendre la parole qu'il lui avait donnée du contraire, s'obligeant de n'aller que dans les seuls endroits qu'il
lui désignerait, et sans autre suite que le comte de Soissons,
d'Épernon, Bellegarde et Sully. M. de Rosny pria du moins le
roi de cacher avec un mauvais manteau la dorure de son habit,
et d'éviter surtout, aux dépens d'une demi-lieue de chemin
de plus, de passer dans un certain champ couvert de cailloux,
vis-à-vis lequel les assiégés tenaient continuellement en faction
trente ou quarante soldats armés de mousquets, et dix ou
douze pièces de canon pointées, parce qu'ils savaient que
c'était par ce champ qu'on passait à tout moment pour aller à
la batterie nouvellement posée sur le rocher. Il crut qu'il aurait
cette complaisance; mais quand il fut sur le lieu, il ne put se
résoudre à user de cette précaution; et, ses prières ayant encore été inutiles, ils marchèrent tous cinq à la file. Quelques

mousquetades qu'on essuya d'abord, firent pâlir quelques-uns de la compagnie ; ce fut bien autre chose en entrant dans le champ ; il se fit à la fois une décharge de grosse artillerie et de mousqueterie si terrible, qu'en un moment ils se virent tous couverts de terre, et la peau effleurée d'une grêle de ces petits cailloux. Le roi fit un signe de la croix. « C'est à ce coup, lui dit Sully, que je vous reconnais pour bon catholique. Allons, dit-il, il ne fait pas bon ici. » Ils doublèrent le pas, en regardant comme un bonheur singulier qu'aucun d'eux n'y eût été tué, ou du moins estropié. On ne parla point au retour de prendre la même route ; on prit celle des montagnes, où Sully fit conduire des chevaux pour la compagnie.

Le roi sentit quelque confusion d'avoir ainsi fait l'aventurier. Cela fit que, quelques jours après, Sully lui ayant mandé que toutes ses batteries étaient prêtes, et Sa Majesté ayant encore voulu les voir, elle lui ordonna de faire une trêve de quelques heures avec le gouverneur du château. La curiosité du roi étant satisfaite, il prit envie à M. de Rosny de jouir du droit de grand-maître, lorsqu'il exerce sa charge en présence de Sa Majesté ; mais comme cela ne pouvait se faire sans une décharge d'artillerie, ce qui aurait été regardé comme une infraction à la trêve qui n'était pas encore expirée, pour engager les assiégés à la rompre les premiers, il dit à quelques commissaires de faire porter à la batterie du rocher certaines munitions dont on avait besoin. Ceux du château, qui n'avaient encore rien perdu de leur fierté, et qui se repentaient peut-être d'avoir accordé la trêve, s'écrièrent qu'on la faussait, et qu'ils allaient tirer, et en effet ils tirèrent douze ou quinze coups de canon. Sully avait donné ordre que si cela arrivait, on se tînt prêt pour leur répondre aussitôt par une décharge générale. C'était la première, et elle donna bien à penser aux assiégés, lorsqu'ils virent cinquante canons à la fois battre leur donjon; ils furent les premiers à demander la continuation de la trêve, surtout lorsqu'une seconde décharge eut succédé rapidement à la première. Dès ce moment ils commencèrent à perdre l'idée que leur citadelle était imprenable, et cherchèrent secrètement les voies de composer à l'amiable.

Ce furent deux femmes qui furent chargées, par hasard, de cet accommodement. Madame de Brandis, femme du gouverneur de Montmélian, et qui était avec lui dans le château, se plaisait à faire de ses mains de petits ouvrages de compartiment et de verroterie. Elle envoya à l'épouse de Sully, qui était dans la ville, des boucles d'oreilles et deux chaînes de verre de sa façon, d'une grande délicatesse. Madame de Rosny lui envoya, en échange, du vin et du gibier, et lui fit demander s'il n'y avait pas moyen qu'elles pussent se voir. Elles en obtinrent la permission, et passèrent trois après-dînés ensemble si familièrement, qu'elles en vinrent jusqu'à examiner ensemble comment on pourrait rendre honnêtement Montmélian. Elles en informèrent leurs maris, qui, loin de s'y opposer, les autorisèrent à continuer leurs entretiens, où elles se cachaient l'une et l'autre qu'elles agissaient avec permission. Madame de Brandis eut une indisposition qui lui fit avoir besoin de respirer l'air de la campagne. Son mari crut pouvoir faire demander à Sully cette grâce par le moyen de son épouse, qui, saisissant cette occasion, sut si bien représenter au comte de Brandis la nécessité à laquelle il allait être réduit, sans pouvoir peut-être obtenir après cela des conditions honorables, que ce gouverneur consentit à traiter avec M. de Rosny, et lui envoya une députation à cet effet. Sully en donna avis au roi qui proposa la chose dans son conseil. Il y fut résolu qu'on accorderait un mois au gouverneur, après lequel, s'il n'était pas secouru, il remettrait la place. M. de Rosny était sûr qu'elle n'aurait pas duré si longtemps ; c'était d'ailleurs compter sur la bonne foi, fort douteuse dans un ennemi. Il en dit son sentiment ; mais il ne lui servit de rien de combattre une résolution où l'envie n'avait pas moins de part que la crainte.

Le roi ne commença à se repentir d'avoir mieux aimé déférer aux conseils du maréchal de Biron et du duc d'Épernon qu'à ceux de Sully, que lorsque le bruit se répandit, peu de temps avant l'expiration du terme accordé aux assiégés, qu'il venait à leur secours une armée de vingt-cinq mille hommes de delà les monts. Ce prince communiqua à M. de Rosny l'embarras où cette nouvelle le mettait. Il était bien déterminé à aller au-devant des ennemis et à les combattre, mais il sentait combien il y avait de danger à laisser derrière soi une place comme Montmélian. Il lui demanda si, de façon ou d'autre, il ne lui restait point quelque moyen de s'en mettre en possession avant ce temps-là. Toute difficile que la chose paraissait, elle réussit pourtant, et voici comment.

Depuis la suspension d'armes, le comte de Brandis laissait entrer dans son château tous les étrangers qui y apportaient les vivres et les autres secours, dont ses blessés, et madame de Brandis elle-même, avaient besoin. Comme il n'y avait qu'une seule porte pour y entrer, la presse y était quelquefois si grande qu'il s'y donnait des coups, dont le gouverneur ne voulait ou ne pouvait pas faire justice, parce que parmi ces gens, en grande partie soldats, il y en avait plusieurs Français. Il pria Sully de remédier lui-même à cet inconvénient, et M. de Rosny crut que c'était là l'occasion qu'il cherchait. Il mit à la porte du château un corps de garde de cinquante hommes tous choisis, commandés par des officiers qui, étant instruits de son dessein, accoutumèrent les gardes du château à les voir entrer au-dedans, d'abord au nombre de trois ou quatre seulement, ensuite en plus grand nombre, jusqu'à ce qu'enfin la garnison n'osant plus ni les en empêcher, ni tirer sur eux, ils se virent presque aussi maîtres dans le château qu'elle-même, sans qu'elle en retirât aucun secours; au contraire, loin d'apaiser le désordre, ces Français l'augmentèrent encore.

Le comte de Brandis ne prit tout ce manége que pour un effet de la licence du soldat, et en porta ses plaintes à Sully. Il lui répondit qu'il pouvait faire main-basse sur tous ces étrangers, qu'il supposait être de la campagne; il répliqua qu'il l'aurait fait sans le grand nombre de ses soldats qui se trouvaient mêlés avec eux; que plutôt que de les maltraiter, même sans mauvaise intention, il aimait mieux le charger seul du soin d'arrêter le trouble et la confusion. Il parut ne se rendre à cette idée, qui est tout ce qu'il souhaitait le plus, que pour rétablir la tranquillité, et il dit à ce gouverneur qu'il en viendrait facilement à bout, s'il avait en dedans de la porte un corps de garde de pareil nombre que celui du dehors. Le comte de Brandis le trouva bon. M. de Rosny fit donc entrer cinquante soldats; mais ils ne furent pas les seuls; trente autres les avaient déjà précédés, et un beaucoup plus grand nombre s'y glissa avec eux. Il vint lui-même avec toute sa suite; dès lors la partie se trouva si forte, qu'ils pouvaient disposer du bas fort, et en partie du donjon.

Le comte de Brandis connut alors sa faute; mais ne pouvant la réparer qu'en se montrant encore plus généreux, il vint trouver Sully, et lui dit qu'il consentait qu'il prît possession du donjon, et qu'il s'en remettait totalement à sa parole et à sa bonne foi. M. de Rosny résolut de ne pas abuser de la confiance du comte de Brandis, et d'observer fidèlement les conventions. Il soupa et coucha dans le donjon, et dès le lendemain même du jour où il avait reçu cette commission du roi, il vint lui dire que sans rien craindre de Montmélian, il pouvait marcher à la rencontre de ses ennemis, ce que Sa Majesté fit en bon ordre, et à la tête de son armée ; mais l'avis qu'elle avait reçu se trouva faux.

La garnison de Montmélian en sortit après le mois écoulé, et remit la place à Sa Majesté, qui ordonna à Sully d'y établir Créqui avec sa compagnie ; la garnison en fut renforcée, et on la pourvut abondamment de tout ce qui lui était nécessaire.

Entretien de Sully avec Biron, au sujet de sa conspiration. — Conseil qu'il lui donne pour le faire rentrer en grâce avec le roi.

Sully était allé faire un tour à Moret, lorsque Biron arriva à la cour. Le roi lui en donna avis par ce billet : « Mon ami, notre homme est venu ; il affecte beaucoup de retenue et de sagesse ; venez en diligence, afin que nous avisions à ce que nous avons à faire. Adieu, je vous aime bien. » M. de Rosny revint aussitôt de toute la vitesse de son cheval ; il trouva le roi qui se promenait devant le pavillon où Sully était logé, avec Praslin qu'il quitta pour venir à lui. Le roi le prit par la main, et lui apprit, en continuant à se promener, qu'il avait essayé inutilement, par toutes sortes d'endroits, d'arracher à Biron (1) l'aveu de sa faute, quoiqu'il cachât si mal tout ce qu'il avait dans l'esprit, qu'on le lisait sur son visage. Sa Majesté lui dé-

---

(1) Le roi, ennuyé des rodomontades et de l'opiniâtreté de Biron, le quitta en lui disant pour dernières paroles : « Hé bien ! il faudra apprendre la vérité ailleurs. Adieu, baron de Biron. » Ce fut comme un éclair avant-coureur de la foudre qui l'allait terrasser, le roi le dégradant par là de tant d'éminentes dignités dont il l'avait honoré.

couvrit ensuite ses plus secrets sentiments par rapport au maréchal. Elle avait encore pour lui toute son ancienne tendresse, et ne le regardait qu'avec compassion. Elle aurait fort souhaité qu'on eût pu lui enseigner des moyens, sans rien risquer, de ne point le traiter en criminel d'État; c'est ce qui n'était pas facile, du caractère dont on connaissait Biron. S'il était dangereux de le laisser échapper lorsqu'il témoignait ne se repentir de rien, il ne l'était guère moins de le relâcher sur sa bonne foi, après lui avoir témoigné qu'on avait en main la preuve de sa trahison.

Le roi revint encore une dernière fois au parti que sa douceur naturelle lui avait toujours dicté, de chercher à faire rentrer Biron en lui-même; et comme il n'avait pu y réussir, il chargea Sully de l'entreprendre, et promit de l'avouer de tout ce qu'il pourrait dire à Biron pour l'entraîner aux pieds de Sa Majesté, pourvu cependant qu'il ne lui donnât rien à connaître de ce qu'avait dit la Fin, ne voulant pas nuire au dessein de l'arrêter, auquel il faudrait bien revenir, s'il persistait dans son opiniâtreté. « S'il s'ouvre à vous, lui dit le roi, sur la confiance que vous chercherez à lui inspirer en ma bonne volonté, assurez-le qu'il peut sans crainte me venir trouver, et m'avouer tout. S'il ne me déguise rien, je vous donne ma parole royale que je lui pardonne de bon cœur. »

Sully alla chercher Biron dans le château, où il le trouva dans la chambre de Sa Majesté, s'entretenant avec la Curée, au chevet du lit. M. de Rosny était suivi d'un assez grand nombre de personnes. Biron entendit qu'on lui faisait place, et il s'avança pour le saluer, ce qu'il fit très-froidement. Sully crut devoir commencer par chercher à lui faire oublier le ressentiment qu'il savait qu'il avait contre lui. « Hé! qu'est ceci, monsieur, lui dit-il en l'embrassant étroitement? Vous me saluez en sénateur, contre votre ordinaire : oh ! il ne faut pas ainsi faire le froid ; embrassez-moi encore une fois, et allons causer. » Lorsqu'ils furent assis au chevet du lit de Sa Majesté, et que personne ne put les entendre : « Hé bien ! monsieur, lui dit Sully, du ton qu'il croyait le plus propre à le gagner, quel homme êtes-vous ? Avez-vous salué le roi ? Quel accueil vous a-t-il fait ? Que lui avez-vous dit ? Vous le connaissez : il est libre et franc, et veut que l'on soit de même avec lui. L'on m'a dit que vous aviez fait le réservé avec lui, cela n'est point de saison, ni selon son humeur et la vôtre. Je suis votre parent, votre serviteur et votre ami ; croyez mon conseil, et vous vous en trouverez bien. Dites-moi librement ce que vous avez sur le cœur, et soyez sûr que j'y apporterai remède ; ne craignez point que je vous trompe. »

A tout cela Biron se contenta de répondre à la fin indifféremment : « J'ai fait la révérence au roi avec tout le respect que je lui dois. Je lui ai répondu sur tout ce qu'il m'a demandé ; mais ce n'a été que des propos communs et des questions générales ; aussi n'avais-je rien davantage à lui dire, — Ah ! monsieur, reprit M. de Rosny, ce n'est pas là comme il faut en user avec le roi. Vous connaissez la bonté de son cœur, ouvrez-lui le vôtre, et lui dites tout, ou à moi, si vous l'aimez mieux, et je vous réponds qu'avant qu'il soit nuit, vous demeurerez contents l'un de l'autre. — Je n'ai rien à dire au roi, répliqua Biron, ni à vous de plus que j'ai fait ; mais si Sa Majesté a quelque défiance ou quelque mécontentement de moi, que lui ou vous me le disiez librement, sur quoi que ce puisse être, et j'y répondrai de même. — Ce qui fâche le plus le roi, lui dit Sully, dans l'envie qu'il avait de le sauver, ce sont vos froideurs ; car d'autres particularités, ajouta-t-il aussitôt, il n'en sait point ; mais que votre conscience vous juge vous-même, et conduisez-vous de la même manière que si vous saviez que nous fussions informés de tout ce que vous avez fait, dit et pensé de plus secret; car je vous jure ma foi que c'est le vrai moyen d'obtenir du roi tout ce que vous pouvez désirer. Je ne vous donne point d'autre conseil que celui que je prends ordinairement pour moi-même. S'il m'est arrivé de faire quelque peccadille, je m'en accuse au roi comme d'un grand péché, et c'est alors qu'il fait tout ce que je veux. Hé, pardieu! poursuivit-il avec vivacité, si vous me voulez croire, vous et moi nous gouvernerons la cour et ses affaires. — Je veux bien vous croire, répondit Biron avec la même nonchalance; mais je n'ai à confesser ni péché, ni peccadille; je sens ma conscience fort nette depuis ce que j'ai avoué au roi à Lyon. » M. de Sully n'en avait peut-être que trop dit : il ne put pourtant s'empêcher de lui faire encore plusieurs instances qu'il ne reçut pas mieux. Le maréchal de Biron se retira chez lui après cet entretien.

Le roi entra dans ce moment. Sully lui redit, sans rien oublier, tout ce qu'il venait de dire à Biron, et tout ce qu'il lui avait répondu. Le roi, voyant que Biron s'obstinait à ne rien avouer, donna l'ordre de l'arrêter et de lui faire son procès; il fut décapité dans la cour de la Bastille. Il se repentit, mais trop tard, de n'avoir pas suivi le conseil de Sully (1).

(1) Biron, en sortant de la chapelle où il s'était confessé aux sieurs Garnier et Maignan, docteurs de Sorbonne, demanda s'il n'y avait là personne à M. de Rosny, et comme on lui eut répondu que M. Arnaud le jeune y était, il l'appela et lui dit : « Je vous prie de baiser les mains de ma part à M. de Rosny, et de lui dire qu'il perd aujourd'hui un des meilleurs et des plus affectionnés amis, parents et serviteurs qu'il eût. J'ai toujours fait beaucoup d'état de son mérite et de son amitié. Ah! dit-il ensuite en élevant la voix et en répandant tant de larmes qu'il était obligé de tenir son visage couvert de son mouchoir, si je l'eusse crû, je ne serais pas ici. »

Sully aide à découvrir la trahison de l'Hôte. — Manière dont il se conduit
dans cette occasion avec Villeroy (1).

Le roi, en partant pour Fontainebleau, où il avait coutume
de faire sa Pâque et de passer cette fête solennelle, pendant
laquelle toute affaire cessait au conseil, congédia ses conseillers
jusqu'au dimanche de Quasimodo ; mais dès le vendredi saint
il rappela Sully, par une lettre dans laquelle il lui mandait
qu'il venait de découvrir une trahison dans sa cour, sur laquelle il voulait conférer avec lui ; qu'il ferait trouver à cet effet
des chevaux de poste à Ablon, le jour de Pâque, afin qu'il ne
manquât pas de se rendre à Fontainebleau, au sortir de la cène,
ce que M. de Rosny exécuta ponctuellement ; voici de quoi il
était question.

Villeroy avait à son service un commis nommé Nicolas l'Hôte ;
de père en fils, cette famille avait été attachée aux Villeroy ;
mais celui dont il s'agit ici, avant que d'entrer chez lui, avait
été secrétaire de La Rochepot, lorsqu'il était ambassadeur de
France en Espagne. L'Hôte, qui avait de l'esprit, mais un
esprit porté à l'intrigue, se fit, pendant son séjour en Espagne,
des intelligences avec les secrétaires d'État Espagnols, Don
Juan, Idiaques, Franchéses et Prada, auxquels il découvrait les
secrets de l'ambassadeur son maître. La Rochepot ayant repassé
en France, l'Hôte, qui se vit sans emploi, demanda à Villeroy,
dont il était filleul, une place dans son bureau, et fut commis
par lui au déchiffrement de ses dépêches, ce qui plut très-fort
à l'Hôte et lui donna les moyens de continuer encore plus sûre-
ment son premier métier.

Barrault (2), qui avait relevé La Rochepot en Espagne, s'a-

(1) Nicolas de Neufville, ministre d'État.
(2) On rapporte de cet ambassadeur qu'assistant un jour en Espagne à une

perçut quelque temps après que les secrets de son prince étaient éventés à Madrid, et il se donna la torture pour deviner de quelle part cela pouvait provenir. Ne pouvant arrêter ses yeux sur personne en particulier, il pria Sa Majesté, par un billet simple adressé à elle-même, de tenir pour suspects tous les commis de ses bureaux, et en particulier ceux de M. de Villeroy. La chose influait jusque sur les autres ambassadeurs du roi dans les différentes cours de l'Europe, qui étaient dans une surprise extrême et se plaignaient à Sa Majesté, ainsi que Barrault, de ce que le contenu de leurs dépêches était su dans ces cours au même temps qu'ils les recevaient, souvent même avant qu'ils les reçussent de France.

Mais, ni eux, ni Barrault, ne pouvaient pénétrer plus avant, jusqu'à ce que Barrault se vit un jour abordé par un Français de Bordeaux, réfugié en Espagne, nommé Jean de Legré, et mieux connu par le nom de Rafis, qu'il avait porté dans le temps qu'il servait la Ligue, dont il avait été l'un des boute-feux; et c'est pour cette raison que, n'ayant pu se faire comprendre dans l'amnistie, il s'était vu obligé de passer en Espagne où ses services, qui consistaient en quelques avis qu'il recevait encore de ses associés en France, furent récompensés par une bonne pension que cette cour lui faisait; ce qui dura jusqu'à ce que le conseil d'Espagne ayant su tirer d'ailleurs des lumières plus sûres que de Rafis, il s'aperçut, par le mépris qu'on commençait à témoigner pour lui à Madrid, et par le retranchement de ses gratifications, que son crédit venait de tomber tout d'un coup. Il en pénétra la véritable cause, et, à l'instant,

comédie où l'on représentait la bataille de Pavie, et voyant un acteur espagnol terrasser celui qui représentait François 1er, lui mettre le pied sur la gorge, et l'obliger à lui demander quartier dans des termes tout à fait outrageants, il monta sur le théâtre et, en présence de tout le monde, passa son épée au travers du corps de cet acteur.

changeant de batteries, il ne s'occupa plus qu'à découvrir quel était le traître en France qui venait ainsi s'enrichir de son bien; ne faisant point de doute que, s'il y réussissait, cette découverte lui vaudrait son rappel dans sa patrie qu'il n'avait point perdue de vue, et peut-être mieux que ce qu'on lui ôtait en Espagne.

Les gens nourris dans l'intrigue ont des talents, pour ces sortes de choses, que les autres n'ont pas. Rafis s'accosta d'un autre Français, domicilié en Espagne, nommé Jean Blas, qui lui apprit comment l'Hôte avait abusé de la confiance de son premier maître. Rafis, frappé de cette idée, s'attacha comme par instinct sur cet homme, et s'étant fait instruire par d'autres endroits qu'il était actuellement l'un des secrétaires de Villeroy, tout éloigné qu'il était, sa seule pénétration lui dévoila ce qui demeurait caché à tant d'autres qui étaient sur les lieux mêmes.

Le soupçon qu'il avait s'étant tourné en certitude, il alla trouver Barrault, lui offrit de lui faire connaître le traître dont il se plaignait, et qu'il se donna bien garde de lui laisser seulement soupçonner, à condition, si son avis se trouvait vrai, qu'on lui accorderait une abolition en forme et une pension honnête. L'importance du sujet fit que Barrault n'hésita pas à lui promettre l'un et l'autre. Rafis exigea encore de Barrault, et cela en vue de sa propre sûreté, qu'il prendrait sa commodité, et que, lorsqu'il écrirait en France, sur les propositions qu'il venait d'entendre, il ne s'adresserait qu'au roi lui-même; mais Barrault ne prit ces dernières paroles que pour un excès inutile de précaution qui n'excluait pas sa communication avec les principaux ministres de Sa Majesté, et ce fut à Villeroy lui-même qu'il s'ouvrit de l'offre et des propositions de Rafis. Villeroy, qui ne se doutait point que le traître dont on lui parlait était dans son propre bureau, renvoya promptement la dépêche au roi. Pour l'Hôte, qui visa droit au but, en ouvrant avec son maître ce paquet de Barrault, il fit ses réflexions sur cet avis important et prit le parti que Rafis avait justement appréhendé; c'était d'écrire à l'heure même à ses correspondants en Espagne, afin qu'ils prissent, sans perdre de temps, toutes les mesures nécessaires pour empêcher Rafis d'en dire davantage; c'est tout ce qu'il imagina de plus sûr pour lui et de plus propre à prévenir les suites de cette affaire, et la chose aurait peut-être réussi avec toute autre personne que Rafis.

Celui-ci, en recevant son abolition, que Sa Majesté lui fit envoyer avec une acceptation de ses propositions, remarqua qu'elle n'était point signée de Loménie, auquel Sa Majesté l'aurait remise naturellement si elle ne lui avait été proposée par un autre canal, et concluant de là qu'elle avait passé par le bureau de Villeroy, il courut incontinent chez l'ambassadeur, et se plaignit à lui qu'il l'avait trompé. Il ne lui fit plus mystère de rien. Il lui apprit pour quelle raison il l'avait pressé de s'adresser directement à Sa Majesté, et à Villeroy moins qu'à tout autre. Il lui donna tous les éclaircissements qu'il avait promis sur les menées de l'Hôte. Cela fait, et en peu de mots, il dit à Barrault que pour parer, s'il en était temps encore, le danger où il se trouvait à Madrid, il n'y avait point d'autre moyen que de tâcher de gagner au plus vite les terres de France, et il monta en effet à cheval dans l'instant même, dont bien lui prit, car dès le lendemain matin la maison où il demeurait fut investie par des archers, et l'on fit courir après lui en toute diligence pour le joindre avant qu'il eût atteint la frontière. Mais Rafis échappa heureusement, ou plutôt grâce à la grande diligence qu'il fit, avec Descartes, secrétaire de Barrault, que l'ambassadeur lui donna pour l'accompagner et pour le présenter en France. Ils ne se reposèrent point qu'ils ne se vissent à Bayonne, d'où, continuant leur route sans perdre de temps, ils vinrent à Paris, et de là à Fontainebleau, où on leur avait dit qu'était Sa Majesté.

Ils rencontrèrent en chemin Villeroy, qui se rendait aussi de Fontainebleau à sa maison de Juvisy, et ils ne crurent pas devoir lui rien cacher. Ils le prièrent même de faire arrêter son commis par provision; et afin d'avoir seuls tout l'honneur de cette affaire, ils lui offrirent de retourner à Paris et de l'arrêter eux-mêmes. Villeroy, après les avoir entendus, ne goûta ni leur proposition ni l'offre qu'ils faisaient de leurs personnes; c'est un trait d'une fort grande imprudence, il faut en convenir, mais sans doute qu'il s'imagina que l'Hôte ne pouvait échapper. Il dit aux deux courriers que ce commis, qu'il avait laissé à Paris, devait venir le trouver le lendemain; qu'il serait assez tôt pour lors de s'en assurer; qu'aussi il croyait qu'il était nécessaire d'en parler auparavant à Sa Majesté; qu'ils ne risquaient rien, pourvu qu'ils gardassent un profond silence. Ce procédé les surprit et les mécontenta au dernier point; mais c'était à eux à obéir. Ils lui remirent les paquets dont ils étaient porteurs, afin qu'il les donnât à Sa Majesté, ce qu'il fit le lendemain.

Le roi n'avait pas encore reçu ces paquets le jour de Pâques, que Sully vint à Fontainebleau, ni su par conséquent l'arrivée des deux courriers et le nom de celui qui le trahissait. Il n'avait rien de plus positif que l'avertissement de se défier des commis de Villeroy. Comme M. de Rosny n'arriva que fort tard à Fontainebleau, et extrêmement fatigué, il ne vit Sa Majesté que le lendemain matin. Il la trouva habillée, quoiqu'il fût à peine soleil levant. L'avis de Barrault lui donnait de l'inquiétude. Le roi prit M. de Rosny par la main, et entrant dans la galerie qui joint sa chambre, il l'entretint fort au long des nouvelles qu'il venait de recevoir de son ambassadeur. Comme il ne s'attendait pas à voir arriver sitôt Descartes et Rafis, il ordonna à Sully de travailler à approfondir cette affaire.

Il y avait trois jours qu'elle occupait Sa Majesté et M. de Rosny, lorsque Villeroy arriva chargé des paquets dont on vient de parler. Sully se promenait avec le roi dans la longue galerie du jardin des Pins, où il prenait congé de ce prince pour s'en retourner à Paris, au moment que Villeroy l'aborda. Il portait sur son visage toute la tristesse qu'on doit avoir, lorsqu'on a de pareilles nouvelles à annoncer à son maître. Pendant la lecture qu'il fit de ces écritures, Sa Majesté regarda M. de Rosny et lui serra la main trois ou quatre fois. Elle ne donna pas le temps à Villeroy d'achever. Au nom de l'Hôte : « Et où est-il donc ce l'Hôte, votre commis, dit le roi vivement? Ne l'avez-vous pas fait prendre? — Je crois, Sire, répondit Villeroy consterné, qu'il est chez moi; mais qu'il n'est pas encore pris. — Comment! reprit Sa Majesté d'un ton irrité, vous croyez qu'il est chez vous, et vous ne le faites pas arrêter? Pardieu! c'est trop de négligence; et à quoi vous êtes-vous amusé depuis que vous savez sa trahison? Il fallait y pourvoir sur l'heure même. Retournez en diligence, et vous en saisissez. »

Villeroy se retira avec toutes les marques possibles de douleur et de confusion. Pour Sully, il n'en retarda pas d'un seul moment son départ pour Paris, où il reçut le lendemain une lettre de Sa Majesté, qui chargea Descartes de l'instruire de sa part, en la lui rendant, de tout ce qui s'était ensuivi.

En rentrant chez lui, Villeroy trouva l'évêque de Chartres, et quelques autres personnes de distinction, qui l'attendaient et qui l'arrêtèrent fort longtemps dans son cabinet, parce qu'il était question entre eux de ce qui devait s'observer dans la cérémonie prochaine de l'ordre de la Jarretière; ce qui fit que quand Descartes monta à son appartement pour lui donner avis que l'Hôte venait d'arriver à Paris avec Desnots, il n'osa entrer, par respect pour cette compagnie. L'Hôte, salué tout d'abord de la nouvelle des deux courriers arrivés d'Espagne, garda assez de présence d'esprit pour ne paraître que médiocrement troublé de ce contre-temps. Il feignit d'avoir besoin de manger un morceau dans la cuisine, mais il ne fit qu'y passer. Il donna le change au maître d'hôtel, en lui disant que c'était à l'auberge qu'il voulait se rafraîchir, et s'y débotter en même temps, et se mettre en état de paraître devant son maître. Villeroy s'étant informé, après que la compagnie l'eut enfin quitté, où était l'Hôte, et lui ayant été répondu qu'il était dans les offices, comme tout le monde en était persuadé, il crut ne pouvoir mieux faire que d'envoyer un domestique dire à son maître d'hôtel qu'il entretînt l'Hôte, et qu'il ne le perdît point de vue, et de sortir lui-même pendant ce temps-là, pour aller prier Loménie de lui donner Dubroc, lieutenant du prévôt, par lequel il comptait le faire saisir. Il ramena Loménie lui-même, et alla se placer avec lui à une fenêtre qui donnait sur la cour où le coup devait s'exécuter; précautions trop tardives! l'Hôte était déjà évadé.

Les ennemis de Villeroy avaient un trop beau champ pour ne pas tirer avantage de la lenteur avec laquelle il exécutait des ordres qu'il venait de recevoir de la bouche du roi, et d'un ton aussi absolu que pressant. Tous ceux qui étaient attachés à Sully dirent hautement que si pareille chose était arrivée dans sa maison, la médisance se serait bien autrement déchaînée contre lui. Les ambassadeurs étrangers en France et le nonce du pape vinrent trouver M. de Rosny à Paris, et dirent que si, après une pareille découverte, il fallait que leurs dépêches pas-

sassent encore par les mains de Villeroy, leurs maîtres n'oseraient plus rien y mettre de quelque importance.

Quant à la personne du traître l'Hôte, tout ce qu'on put faire
fut de détacher après lui des archers, qui le suivirent de si
près, qu'étant arrivé sur le bord de la Marne, assez près du
bac de Fay, avec un Espagnol qui l'accompagnait, il ne vit plus
d'autre moyen de se dérober à leur poursuite que de se jeter
dans la rivière, qu'il comptait peut-être pouvoir passer à la
nage; mais il s'y noya. L'Espagnol aima mieux se laisser prendre, et il fut ramené à Paris, avec le corps de l'Hôte, qu'on
retira de l'eau. Villeroy parut très-véritablement fâché qu'on
n'eût pu saisir son commis vif. Il avait raison; c'était le seul
moyen de fermer la bouche aux médisants. Il fut le premier à
proposer à Sully, en lui écrivant sur cette affaire, de traiter le
cadavre avec la dernière ignominie, et de faire un exemple sur
l'Espagnol.

Cela ne fut point capable d'apaiser la colère du roi, qui ne
sut longtemps de quel œil il devait regarder Villeroy après cette
aventure. Il balança trois jours s'il ne le chasserait point d'auprès de sa personne; mais Villeroy se jeta aux pieds de Sa
Majesté, avec tant de marques d'une profonde douleur, y versa
tant de larmes, y fit tant de protestations d'innocence, que le
roi le crut, et qu'avec sa bonté ordinaire il lui accorda le pardon qu'il lui demandait avec de si vives instances.

Voilà l'état où M. de Rosny trouva qu'étaient les choses lorsqu'il retourna à Fontainebleau dire à Sa Majesté, comme il ne
pouvait s'en dispenser, les représentations que lui avaient
faites les ambassadeurs étrangers. Le chiffre des ambassadeurs français fut aussi changé, et le roi ne songea plus qu'à
profiter de cette occasion pour rendre Villeroy plus diligent et
plus circonspect dans le choix de ses commis. Sa Majesté con-

certa avec Sully une lettre qu'elle jugea propre à produire cet effet, parce que M. de Rosny devait la rendre publique. Cette lettre lui fut apportée à Paris, par Perroton, de la part du prince, comme pour lui faire part de l'indulgence dont il avait jugé à propos d'user avec Villeroy. Sully y lut que Sa Majesté n'avait pu refuser un pardon aux larmes et aux prières de Villeroy; qu'il ne devait pas conserver, après cela, pour lui, plus de défiance qu'elle-même; que dans l'état où il était, c'était une action de charité que de lui écrire une lettre de consolation et d'assurance de son amitié, et qu'elle l'en priait.

M. de Rosny seconda l'intention de Sa Majesté sans aucune répugnance. Il ne put pas se résoudre à écrire à Villeroy qu'il le tenait entièrement disculpé; il lui en dit assez pour qu'il pût persuader au public, par sa lettre, qu'il ne le regardait nullement comme coupable du crime capital dont il s'était vu accuser. Il lui donnait l'idée du manifeste qu'il fit paraître quelques jours après; il ajoutait dans cette lettre que son entière justification, aux yeux de Sa Majesté, dépendait de la manière dont il se comporterait par la suite.

Villeroy répondit à la lettre de Sully, en le remerciant de ses conseils, qu'il assura qu'il suivrait exactement, et de ses bons offices, qu'il protesta qu'il n'oublierait jamais. Il y convient qu'il n'aurait pas dû se fier aussi aveuglément qu'il l'avait fait à un jeune homme tel que l'Hôte, et il ne dissimule pas que, quoique sa conscience ne lui reproche rien de grave, la faute qu'il a commise en cette occasion est capable de jeter une tache sur sa réputation jusque-là, que tous les services qu'il est dans la disposition de continuer à rendre à Sa Majesté le reste de sa vie, ne l'effaceront jamais entièrement.

Sully traite de bagatelles les avis que l'on donne au roi sur des Huguenots qui avaient formé le projet de s'emparer de cinq à six villes. — Il part et prend les accusés.

Le roi donnait, pour ainsi dire, droit à tout le monde de troubler son repos en ne l'entretenant que d'avis continuels contre presque toutes les personnes distinguées du royaume, catholiques ou protestants; mais rien n'alarma tant Sa Majesté que l'avis qui lui fut donné par un gentilhomme du Poitou; car on voulait toujours que cette province fût le siége de la révolte. Cet homme disait s'être trouvé en personne à des assemblées d'un grand nombre de gentilshommes, agissant au nom de presque tous les grands du royaume, joints aux protestants, dans lesquelles il était témoin qu'on avait pris jour pour s'emparer de cinq ou six villes, qu'il nomma, et délivré de l'argent pour faire provision des échelles, pétards, armes et munitions nécessaires à ces entreprises.

Le roi était à Fontainebleau sans suite, et seulement pour quelques parties de chasse, lorsque ce donneur d'avis lui fut présenté; ce qui fit qu'il le renvoya à Paris, à Sillery et Villeroy, auxquels il donna, sur tout cela, de si amples mémoires, que le roi crut n'en pouvoir douter, et en fut saisi d'effroi. Il revint dans le moment à Paris, et il envoya Saint-Michel chercher Sully, pour affaires, lui dit-on, de la dernière conséquence.

Sully trouva le roi enfermé dans le cabinet de la reine avec cette princesse, le chancelier et Villeroy, où ils s'occupaient à un examen de tous ces mémoires, qui avaient encore échauffé l'imagination vive et prompte de ce prince. « Hé bien! monsieur l'opiniâtre, dit-il à M. de Rosny, en le voyant entrer, nous voilà à la veille de la guerre. — Tant mieux, sire, lui répondit Sully, car ce ne peut être que contre les Espagnols.

— Non, non, interrompit le roi, c'est contre de plus proches, appuyés de tous vos huguenots. — Tous les huguenots! reprit M. de Rosny; hé! sire, qui vous a mis cela dans la fantaisie? Je réponds déjà de plusieurs, qu'ils n'en ont pas eu l'idée, et je répondrais bien de presque tous les autres, qu'ils ne l'oseraient. — Ne vous disais-je pas bien, ma mie, dit Sa Majesté, en se tournant vers la reine, qu'il n'en croirait rien; il lui est avis que personne n'oserait me regarder pour me déplaire, et qu'il ne tienne qu'à moi que je donne la loi à tout le monde. — Cela est vrai, sire, repartit M. de Rosny, vous le pouvez quand il vous plaira. »

Villeroy et Sillery voulurent appuyer le sentiment de Sa Majesté; Sully leur fit voir qu'il n'y avait que de la faiblesse à se laisser intimider par de pures bagatelles. Il prit le mémoire de leurs mains, et il ne put s'empêcher de sourire, en voyant qu'il n'y était fait mention que de dix ou douze misérables gentils-hommes et soldats qu'il connaissait, parce qu'en effet ils étaient de son gouvernement, et de cinq ou six villages comme la Haye, en Touraine, Saint-Jean d'Angle, la Rochepozai, Saint-Savin et Chauvigny-le-Blanc, en Berri. « Pardieu! sire, reprit Sully en colère, je crois que ces messieurs se moquent de vous et de moi, de vouloir vous faire marcher pour de telles niaiseries; c'est un homme qui cherche quelques centaines d'écus, et puis c'est tout. — Vous direz ce qu'il vous plaira, répliqua le roi, mais il faut que j'y aille, ou que vous partiez dans deux jours pour y donner ordre. — S'il vous plaisait, sire, lui dit M. de Rosny, après que Sa Majesté lui eut fait tout de suite un détail de ce qu'il fallait mener d'artillerie pour cette expédition, me laisser faire à ma fantaisie, j'en viendrais bien à bout, sans tant de bruit et de dépense. — Pardieu! dit le roi, vous êtes l'homme le plus têtu que je vis jamais : hé bien! que voulez-vous dire? — Que je ne demande, sire, que le prévôt Moret et vingt archers, pour vous en rendre bien compte. — Vous le voulez, dit enfin ce prince, vaincu par la persévérance de Sully; s'il en arrive inconvénient, je m'en prendrai à vous. » Il n'en arriva rien, sinon qu'avec vingt cavaliers, pour toute armée, M. de Rosny fit prendre tous les accusés, dont il n'y eut que fort peu de punis, Sa Majesté ayant trouvé que la plupart étaient innocents et que les autres ne valaient pas la peine qu'on s'y arrêtât.

Générosité de Sully à l'égard de la famille Miron.

François Miron, maître des requêtes, intendant au gouvernement de l'Ile de France, président au grand conseil, prévôt des marchands, lieutenant civil en la prévôté de Paris, etc., mourut au mois de juin 1608, extrêmement regretté pour sa probité et ses autres bonnes qualités. Ses partisans lui surent si bon gré de la fermeté avec laquelle il résista au surintendant, à l'occasion de l'arrêt du conseil qui, l'année précédente, avait été porté pour la suppression des rentes de l'hôtel-de-ville, et des hardies remontrances qu'il avait faites au roi sur ce sujet, qu'ils s'attroupèrent, et vinrent d'une manière séditieuse pour le défendre dans sa maison, contre les menaces du conseil. Miron pria instamment les bourgeois de se retirer et de ne le point rendre criminel, leur remontrant qu'il n'y avait rien à craindre; qu'ils avaient affaire à un roi qui était aussi grand et aussi sage que doux et équitable. Le roi défendit qu'on poursuivit cette recherche des rentes.

Sully sollicita Sa Majesté en faveur du président Miron, frère du mort, qui lui avait résigné l'office de lieutenant civil, et ensuite de son fils. Le roi lui ayant dit : « Je m'étonne que vous me priez pour des gens que vous avez tant haï ! — Et moi, Sire, répliqua Sully, je suis encore plus étonné de vous voir haïr des gens que vous avez autrefois tant aimés, qui vous aiment, et qui vous ont rendu de si grands services. » La reine fit donner cette charge, à la recommandation de Conchini, à Nicolas Legeai, procureur du roi au Châtelet.

Conseil que Sully donne à Henri IV après la prise de Sédan. — Sa répartie franche à La Varenne (1) indispose le roi contre lui.

Après la prise de Sédan (2), Sully comptait prendre un petit dédommagement de l'armement, pour remettre sous l'hommage de Sa Majesté les places du comté de Saint-Paul.

Lorsque le roi lui proposa de faire faire *montre* aux troupes et de les licencier : « Comment, licencier, Sire ? lui répondit-il, et que deviendra votre contrat du comté de Saint-Paul ? Ne vous souvient-il plus de la résolution qui fut prise en le passant ? puisque la dépense en est faite, il ne faut que tourner de ce côté-là. » Sully fit voir à Sa Majesté que c'était une affaire de quinze jours seulement, les Espagnols ne s'attendant à rien moins qu'à cette expédition ; qu'au reste ils n'auraient aucun sujet valable de s'en plaindre, parce que le roi ne faisait qu'user

(1) Guillaume Fouquet de La Varenne.

(2) Le roi fit son entrée le 2 avril 1606 dans Sédan, où il laissa cinquante hommes, et Nétancourt à leur tête. Le duc de Bouillon, qui avait obligé Sa Majesté à mettre une armée sur pied et à faire avancer une artillerie de cinquante pièces de canon à quinze ou vingt lieues au plus de Sédan, fut bien heureux de venir rendre son hommage et sa soumission au roi. Ce prince lui répondit obligeamment que ce n'était pas tant sa place de Sédan qui le tentait, que les bons services qu'il attendait de sa personne.

du pouvoir que les traités laissaient au comte de Saint-Paul, d'opter entre la France et l'Espagne, ce qu'on ferait dénoncer au conseil de Madrid, en même temps qu'on avancerait. « Je vois bien que vous avez raison, lui dit le roi, après l'avoir écouté attentivement, mais il y faut bien penser auparavant, et j'en veux parler aux principales personnes qui sont auprès de moi, et à ceux de mon conseil ordinaire. » M. de Rosny ne sut à qui Sa Majesté en parla, et quel conseil on lui donna ; mais deux jours après, ce prince le tira à quartier, et voulut lui persuader qu'il était à propos de laisser, pour le présent, cette affaire assoupie. Il ne put s'empêcher de dire en quittant le roi, avec un mouvement d'impatience : « Hé bien ! de pardieu ! je vois que nous allons pendre notre épée au croc, ayant une si belle armée, et la licencier quand nous avons une occasion si favorable de l'employer utilement. » Il ne put faire changer de résolution au roi. On fit *montre* deux jours après, et Sully ramena l'artillerie à Paris.

Il prit envie au roi de rentrer dans cette ville, au bruit de toute son artillerie. La Varenne vint le dire à M. de Rosny de sa part. « Eh ! monsieur de la Varenne, s'écria Sully, surpris de cette proposition, que pense faire le roi ? nous n'avons pas donné un coup d'épée, ni de pique, ni tiré un seul coup de canon et de fusil, et nous voulons faire les victorieux, nous qui sommes les vaincus en deux manières ; nous avons acheté avec trop de crédulité ce que le roi ne devait tenir que de son courage ; ensuite nous avons eu peur de déclarer ce que nous avons acquis. Je m'étais toujours bien douté que les choses se passeraient ainsi. Dites au roi que tout le monde dit cela, et qu'on se moquera de nous, si l'on fait tirer le canon. » La franchise de M. de Rosny allait peut-être trop loin dans cette occasion ; le chagrin de tout ce qu'il venait de voir arriver en était la

cause. Le roi n'entendit pas ce rapport sans beaucoup d'émotion, il ne la cacha à personne qu'à Sully. Praslin, et ensuite
Béthune, revinrent aussitôt après lui faire entendre de la part
de Sa Majesté, avec douceur, qu'il n'y avait rien de déraison-
nable dans ce qu'elle exigeait de lui. Sully crut, à son tour,
pouvoir les convaincre du contraire. Le roi entra cette fois dans
un violent courroux, qualifia très-rudement sa résistance à sa
volonté, et renvoya lui commander d'un ton absolu de lui obéir,
ce que M. de Rosny fit si promptement, et avec un tel vacarme
de toute l'artillerie, que cela l'apaisa tout d'un coup, et qu'il
l'envoya chercher pour l'embrasser.

Sully refuse sa signature à l'édit que le roi avait fait expédier, à son insu, en
faveur du comte de Soissons. — Sa noble répartie à madame de Verneuil, à
ce sujet.

Le comte de Soissons présenta, en 1603, à Fontainebleau,
une requête au roi, par laquelle il lui proposait d'établir en sa
faveur un droit de quinze sous sur chaque ballot de marchan-
dises qui sort du royaume. Cette idée n'était venue, assurément,
au comte de Soissons que par suggestion, et il n'en connaissait
pas toutes les suites; du moins il assura au roi que cette imposition ne lui rapporterait pas plus de trente mille livres de
rente par an, et il le lui persuada si bien, que Sa Majesté, qui
croyait lui devoir une gratification de pareille valeur, vaincue
d'ailleurs par de continuelles importunités, lui accorda sa
demande sans en rien dire à Sully, qui était alors à Paris ; et,
tout de suite, pour ne plus en entendre parler, le roi lui en fit
expédier l'édit, qu'il signa et fit sceller. Un reste de scrupule,
par rapport au commerce, dont il sentait intérieurement l'im-

portance, lui fit réserver verbalement une condition, en accordant cette grâce, c'est qu'elle n'excédât pas cinquante mille livres, et qu'elle ne se trouvât pas trop fatigante pour le peuple, et trop à charge au commerce.

Ce que ce prince venait de faire, lui revint en l'esprit dès le soir même, et il commença à avoir quelque soupçon qu'on lui en avait imposé. Il en écrivit à l'heure même à Sully, et il lui proposa la chose comme on propose une question indifférente, sans lui dire ce qui s'était passé, ni nommer personne. M. de Rosny ne savait qu'imaginer sur une pareille demande. Il se mit à supputer, et, s'aidant dans ce calcul des comptes des traites foraines et domaniales, et entrées des grosses denrées, il trouva que le produit annuel de cet impôt ne pouvait être au-dessous de trois cent mille écus. Regardant cette affaire comme infiniment sérieuse encore, pour le commerce des vins et des chanvres, elle lui parut capable de ruiner la Bretagne, la Normandie, et une grande partie de la Picardie; aussi, il n'hésita pas à prendre le chemin de Fontainebleau, pour en faire son rapport à Sa Majesté.

Ce prince lui avoua tout ce qui s'était passé, avec de grandes marques d'étonnement de ce qu'on avait ainsi abusé de son peu de défiance. Le véritable remède eût été de se faire rapporter l'édit, et de le supprimer comme obtenu sur un faux-énoncé; mais pour ne pas compromettre Sully avec le comte de Soissons, qui n'aurait pu ignorer que c'était lui qui avait ouvert les yeux à Sa Majesté, ils préférèrent celui d'empêcher que l'édit ne fût vérifié au parlement. Il suffisait pour cela de ne pas y joindre, en l'envoyant à cette cour, une lettre de la main du roi, ou de celle de M. de Rosny; c'était une convention faite dès longtemps entre Sa Majesté et les cours souveraines; et sans cette formalité, quelque ordre qu'on pût produire d'ailleurs, le parlement savait à quoi s'en tenir, et n'enregistrait rien. Sully vit pourtant bien, et il le dit au roi, que cet expédient ne le sauverait pas du ressentiment du comte de Soissons ni de celui de la marquise de Verneuil, qu'il découvrit être intéressée pour un cinquième dans cette affaire; mais il lui parut résolu à tenir bon contre le comte de Soissons.

Sully, de retour à Paris, vit arriver chez lui, deux ou trois jours après, le comte de Soissons, qui le cajola fort, « pour avoir, disait-il, un *Maximilien de Béthune* tout au long, dont il avait besoin. » Il crut qu'en le caressant, et en lui permettant l'air de familiarité avec lui, il obtiendrait aisément cette signature, sans même être obligé de lui dire à quelle fin il la lui demanmandait. M. de Rosny répondit froidement, et en feignant de tout ignorer, qu'il n'avait jamais rien signé sans une lecture préalable. Il fallut avoir recours à un autre moyen. Le comte de Soissons lui apprit ce que Sa Majesté venait de faire pour lui, et il lui dit que comme il n'ignorait pas le mot du guet entre le roi, les cours souveraines et lui, la signature qu'il lui demandait était une lettre au parlement de Bretagne et à la cour des aides de Rouen.

Sully prit encore un air plus sérieux à cette déclaration, et, affectant d'être fort étonné de ce que le roi ne lui avait, en aucune manière, fait part de cette affaire, et de ce qu'il n'en avait fait aucune mention dans le conseil, où les résolutions de cette importance devaient être portées, il en prit occasion de répondre à M. le comte de Soissons, qu'un édit de cette nature, qui portait si fortement sur l'intérêt public, devant être excepté de la règle commune, il ne pouvait en prendre les risques sur lui, qu'il devait s'adresser directement à Sa Majesté, ou du moins lui apporter un ordre de sa main qui pût servir à le justifier contre les reproches qu'une pareille condescendance ne manquerait pas de lui attirer quelque jour. Le comte de Soissons n'insista plus que pour dire, d'un ton piqué et amer, qu'il voyait bien qu'il se couvrait de cet air de circonspection, pour faire échouer son dessein et pour rompre avec lui. Ces paroles n'ayant rien fait rabattre de la résolution de Sully, le comte de Soissons sortit en grondant, et alla décharger toute sa bile chez la marquise de Verneuil.

Cette dame, quoique aussi irritée que le comte de Soissons, ne laissa pas d'aborder Sully comme il sortait de son cabinet pour aller trouver le roi, qui était revenu au Louvre. Elle ne pouvait prendre plus mal son temps. Le roi, trop facile, venait encore de se laisser arracher une vingtaine d'édits, dans le goût du premier, tous, à la vérité, de fort peu de conséquence; M. de Rosny en tenait le mémoire roulé autour de ses doigts, et il partait dans le dessein de faire une nouvelle tentative auprès du roi en faveur du peuple, que toutes ces tracasseries empêchaient de payer la taille. La marquise de Verneuil lui demanda quel était le papier qu'il tenait : « Ce sont de belles affaires, madame, lui répondit-il en colère, et feignant de l'être encore bien davantage, où vous n'êtes pas des dernières. » — Son nom faisait en effet le sixième article. Sully déroula le mémoire, et lui lut tous ces noms avec l'intitulé des édits. — « Et que pensez-vous faire de tout cela? lui dit-elle, — Je pense, lui répartit-il, à faire des remontrances au roi. — Vraiment, reprit-elle (car elle ne pouvait plus se contraindre), il serait bien de loisir de vous croire, et de mécontenter tant de gens de qualité, pour satisfaire vos caprices; et pour qui voudriez-vous donc que le roi fît quelque chose, si ce n'est pour ceux qui sont dans ce billet, qui sont tous ses cousins et parents? — Tout ce que vous dites, madame, lui répliqua M. de Rosny, serait bon si Sa Majesté prenait l'argent dans sa bourse; mais lever cela de nouveau sur les marchands, artisans, laboureurs et pasteurs, il n'y a aucune apparence ; ce sont eux qui nourrissent le roi et nous tous, ils ont bien assez d'un maître sans avoir tant de *cousins, de parents* à entretenir.

Madame de Verneuil ne laissa pas tomber les paroles de Sully, et surtout les dernières ; elles lui servirent à faire mille méchants rapports. Dans la rage qui la transportait, elle courut redire au comte de Soissons que M. de Rosny avait dit que le roi n'avait que trop de parents, et qu'il serait heureux, lui et son peuple, si l'on en était défait. Le comte de Soissons ne se posséda plus : dès le lendemain matin il alla demander à parler au roi, et lui dit, après une longue énumération de ses services, que Sully l'avait si cruellement offensé dans son honneur, qu'il fallait qu'il eût sa vie, si Sa Majesté ne lui faisait pas justice elle-même. Le roi, se montrant d'autant plus tranquille qu'il le voyait hors de lui, lui demanda ce qu'il avait dit et fait, et s'il le tenait de lui ou d'un autre ; à quoi le comte de Soissons, sans vouloir entrer en explication, répondit que s'ils eussent été tous deux en présence de Sa Majesté, quelques égards qu'il eût pour une personne qu'il aimait, il n'aurait pu s'empêcher de se faire raison lui-même ; que ce qu'il disait était vrai ; qu'il devait en être cru sur sa parole, n'étant pas sujet à mentir. — « Si cela était, mon cousin, lui dit le roi d'un ton propre à le déconcerter, vous ne tiendriez pas de ceux de votre maison, car nous en donnons tous des plus belles. Votre frère aîné surtout y excellait ; mais puisque c'est un rapport qu'on vous a fait, dites-moi quel est celui qui vous l'a fait, et ce qu'il vous a dit, et puis je verrai ce que je devrai faire, et je vous contenterai, si vous voulez vous payer de raison. » Le comte de Soissons répartit qu'il avait fait serment de ne point nommer la personne, mais qu'il la croyait comme lui-même. — « Quoi donc, mon cousin, répliqua le roi, vous ne voulez pas me dire ce que je vous demande sous ombre de serment ; et moi je vous fais aussi serment de ne rien croire de tout ce dont vous vous plaignez, que ce que M. de Rosny m'en dira lui-même, car je le tiens pour aussi vrai que vous pouvez faire celui qui vous a fait ces beaux contes. »

Le comte de Soissons laissa voir, en se retirant, des marques d'un transport si violent, que le roi crut devoir en donner avis à Sully, par Zamet et La Varenne, qu'il chargea en même temps de savoir de lui s'il n'avait point tenu en effet quelques discours offensants contre le comte de Soissons. M. de Rosny répondit que depuis la visite qu'il en avait reçue à l'arsenal, il ne lui avait point parlé, ni à aucun de ses gens, depuis plus de quinze jours ; qu'il était bien vrai que la marquise de Verneuil était venue chez lui. — « Oh ! dit le roi, lorsqu'on lui rapporta ces paroles, il ne faut plus demander d'où vient la brouillerie, puisqu'on nomme la marquise de Verneuil : c'est un bon bec. Elle est si remplie de malice et d'invention, que sur le moindre mot que M. de Rosny lui aura dit, elle en aura ajouté cent et même mille ; mais pour cela il ne faut pas négliger cette affaire. » Dans l'état où Sa Majesté venait de voir le comte de Soissons, elle avait quelque sujet de craindre qu'il n'embrassât le parti le plus violent contre Sully. Elle renvoya La Varenne lui dire de ne point sortir que bien accompagné, et de ne rien épargner pour sa sûreté, ajoutant avec bonté que tout ce qu'il emploierait pour le garder, serait toujours fort au-dessous de ce qu'il lui en coûterait s'il le perdait.

La dispute que M. de Rosny avait eue avec le comte de Soissons avait fait grand bruit. Quelques jours après, le roi fit venir dans sa chambre le comte de Soissons et M. de Rosny, et les accorda.

Sully refuse à Pimentel (1) l'entrée du théâtre de l'Arsenal.
— Aventure comique.

Le roi avait fait venir d'Italie des comédiens dont il s'amusait volontiers. Souvent il les mandait à Fontainebleau pour y jouer en sa présence; et en l'absence de Sully, il commandait à son fils qu'on eût grand soin de leur payer leurs appointements. L'arsenal était toujours l'endroit où s'excutaient ces jeux ou ces spectacles, qui demandaient quelque préparation. Le roi y venait aussi courir quelquefois la bague. La reine et tous les courtisans ne trouvaient nulle part autant d'agrément dans les spectacles de théâtre. Sully avait fait construire et accommoder, pour ce sujet, une salle très-spacieuse, avec un parterre en amphithéâtre, et une grande quantité de loges dans plusieurs galeries, séparées les unes des autres, et ayant chacune leurs degrés et leurs portes particulières. Deux de ces galeries étaient destinées pour les femmes; aucun homme n'y entrait avec elles; c'était un point de la police de Sully, qu'il ne souffrait pas qu'on renversât, et dont il ne regardait pas au-dessous de lui de prendre lui-même le soin.

Un jour qu'on représentait un fort beau ballet dans cette salle, il y aperçut un homme qui tenait une dame par la main, avec laquelle il se préparait à entrer dans une galerie des femmes. C'était un étranger, et il reconnut même aisément de quel pays il était à son visage basané. « Monsieur, lui dit M. de Rosny, vous chercherez, s'il vous plaît, une autre porte, car je ne crois pas qu'avec votre teint, vous puissiez espérer de passer pour une belle dame. — Seigneur, lui répondit-il en très-mauvais français, quand vous saurez qui je suis, vous ne me refu-

(1) Italien admis au jeu et aux parties de plaisir de Henri IV.

serez point, je m'assure, la courtoisie de me laisser entrer avec ces belles et blanches dames, quelque noir que je sois. Je m'appelle Pimentel; j'ai l'honneur d'être vu de bon œil de Sa Majesté, et de jouer fort souvent avec elle. » Cela était vrai, et trop vrai. Cet étranger, dont Sully avait déjà entendu parler, avait gagné des sommes immenses au roi. « Comment! lui dit-il, en faisant l'homme véritablement en colère, vous êtes donc, à ce que je vois, ce gros piffre de Portugais qui gagnez tous les jours l'argent du roi. Pardieu! vous êtes mal tombé, car je n'aime ni ne veux ici de tels gens. » Il voulut répliquer. « Allez, allez, lui dit-il en le repoussant, chercher une autre entrée; car vous ne me persuaderez point avec votre baragouin. » Le roi ayant demandé à Pimentel s'il n'avait pas trouvé beau et parfaitement bien dansé le ballet qu'il avait vu, Pimentel lui répondit qu'il en avait eu envie; mais qu'il y avait trouvé à une porte son grand financier, avec son front négatif, qui l'avait bien renvoyé : et il conta son aventure, qui parut si plaisante au roi, de la manière dont il la rapportait, qu'il en rit de tout son cœur, et il n'oublia pas d'en régaler la cour.

Entretien de Sully avec le roi, au sujet de la lettre que la reine le charge de lui faire pour ce prince, lors de leurs brouilleries.

Dans un de ces moments où le roi sentait le plus vivement les indiscrétions de la reine, au sujet de leurs brouilleries, le bruit courut qu'il l'avait quittée brusquement, et qu'il s'en était allé à Chantilly, sans la voir. Cela était vrai : ce prince passa par l'Arsenal, et s'ouvrit à Sully de tout ce qu'il avait sur le cœur. Le roi parti, M. de Rosny alla l'après-midi au Louvre, pour tâcher de parler à la reine, accompagné d'un seul de ses secrétaires, qui n'entra point avec lui dans le petit cabinet de cette princesse, où elle était enfermée en ce moment. La Conchini était à la porte de ce cabinet, la tête appuyée sur son coude, comme une personne qui dort, ou du moins qui rêve profondément; il la réveilla. Elle lui dit que la reine n'avait pas voulu la laisser entrer dans son cabinet, dont la porte lui fut promptement ouverte, sitôt qu'il se fut nommé.

Il trouva la reine occupée à composer une lettre au roi, qu'elle consentit qu'il lût; elle y avait répandu tant d'aigreur et de fiel qu'elle n'eût pu assurément produire qu'un très-mauvais effet. Il lui en fit sentir si bien les conséquences, qu'elle consentit à la supprimer, avec assez de peine, et à condition qu'il lui aiderait à en refaire une autre, où rien ne serait oublié de ce qu'elle disait avoir à représenter si justement au roi son époux. Il fallait la servir selon cette idée, pour éviter pis : ce ne fut pas sans bien des chicanes entre eux deux, sur le choix des expressions et sur la force de chaque terme. Il eut besoin de toute la présence d'esprit dont il était capable, pour trouver les moyens de satisfaire la princesse sans mécontenter le roi, ni s'écarter du respect en parlant à Sa Majesté.

Sully eut beau faire : avec tous ses ménagements, il n'eut apparemment pas encore assez d'adresse ou de fécondité, car le roi se tint grièvement offensé de cette lettre, lorsqu'il l'eut reçue, et, d'autant plus, lorsqu'il reconnut aussitôt qu'elle n'était pas de la façon de la reine. M. de Rosny en reçut aussitôt un billet, écrit en ces termes : « Mon ami, j'ai reçu une lettre de ma femme, la plus impertinente qu'il soit possible d'écrire; je ne m'en offense pas encore tant contre elle que contre celui qui l'a dictée, car je vois bien que ce n'est pas de son style. Informez-vous, et essayez de découvrir qui en est l'auteur, je ne l'aimerai ni ne le verrai de ma vie. » Tout assuré que croyait être M. de Rosny, ce billet ne laissa pas de lui donner à penser.

Trois ou quatre jours après, le roi étant venu à l'Arsenal, à son arrivée de Chantilly, Sully se trouva assez embarrassé des questions qu'il vit qu'il allait lui faire, car il ne venait que pour ce sujet seul. — « Hé bien! lui dit-il, n'avez-vous point découvert qui a fait cette lettre de ma femme? — Non pas encore certainement, sire, lui répondit Sully en usant d'adresse; mais dans deux jours j'espère vous en rendre bon compte; je le ferais, poursuivit-il, peut-être encore plus tôt, si je savais ce qu'il y a dedans qui vous offense. — Comment, dit le roi, c'est une lettre bien faite, pleine de raisons, d'obéissance et de soumission, mais qui me mord en riant et me pique en me flattant; en particulier, je n'y vois rien à reprendre; mais en gros elle me fâche et me fâcherait encore davantage si elle venait à être rendue publique. — Mais, Sire, si elle est telle que vous le dites, elle peut avoir été faite à bonne intention et pour empêcher un plus grand mal. — Non, non, interrompit le roi; elle a été faite malicieusement et pour me picoter. Si ma femme avait pris conseil de vous ou de quelqu'autre de mes bons serviteurs, je ne m'en offenserais pas tant. — Quoi! sire, si c'était un de vos bons serviteurs qui l'eût faite, vous ne lui en sauriez pas mauvais gré. — Nullement, lui dit encore le roi, car il l'aurait faite sans doute à bonne intention. — Cela est vrai, sire, dit M. de Rosny à son tour; mais ne vous fâchez donc plus, car c'est moi qui l'ai faite, crainte de pis, et quand vous en saurez les raisons, vous direz que j'ai fait ce qu'il fallait faire; et afin que vous n'en doutiez point, je vais vous en montrer l'original écrit de ma main, à côté de celle de la reine. » Il le tira de sa poche et le lui présenta aussitôt.

Le roi, en le lisant, lui fit remarquer quelques mots en la place desquels la reine, en copiant cette lettre, en avait substitué d'autres beaucoup moins doux. — « Oh bien ! dit-il à Sully, puisque c'est vous, n'en parlons plus, j'ai le cœur content. » Ensuite il le chargea de voir la reine, et d'arranger cette affaire à la satisfaction de la reine. « Je veux qu'en tout ce que vous allez dire et faire, il ne paraisse nullement que ce soit de concert entre vous et moi de ma part ; mais qu'au contraire vous agissez de votre propre mouvement et que vous craignez même que cela ne vienne à ma connaissance. » Ce que Sully exécuta avec toute l'habileté dont il était capable.

Les ennemis de Sully, qui l'accusent d'entretenir des intelligences criminelles hors du royaume, sont convaincus de calomnie.

Plusieurs seigneurs de la cour, qui ne désiraient rien tant que la perte de Sully, qu'ils trouvaient toujours opposé à leurs désirs, parce que rarement ces désirs étaient conformes à l'intérêt des peuples, avaient tout préparé pour sa ruine. Libelles, lettres anonymes, avis secrets et artificieux, tout fut mis en usage. Le roi conçut, pour la première fois, des soupçons contre M. de Rosny, et ils semblaient être permis à un prince qui avait éprouvé tant d'ingratitude de la part des hommes. Cependant voyant que rien de ce qu'on avait avancé contre son ministre ne se vérifiait, il commença à faire des réflexions. Il envoya plusieurs personnes à Sully pour l'engager à ouvrir son cœur ; mais M. de Rosny était résolu de se taire, jusqu'à ce que le roi lui parlât lui-même.

Le roi était à Fontainebleau ; Sully, se disposant à repartir pour Paris, alla se présenter à Sa Majesté pour recevoir ses ordres, selon sa coutume. Il la trouva au milieu des courtisans qui étaient venus à son lever, se faisant botter dans son cabinet pour aller à la chasse. Sitôt que le roi le vit entrer, il se leva à demi de dessus sa chaise, ayant un pied chaussé, lui ôta le chapeau, lui dit bonjour en l'appelant *Monsieur*, tous signes non équivoques d'un esprit fâché ou embarrassé ; ses termes ordinaires étaient : mon ami Rosny ou grand maître ; mais la distraction avec laquelle il le vit frapper l'un contre l'autre ses petits rouleaux d'ivoire, fit qu'il ne se méprit point, lorsqu'il jugea qu'il n'y avait nulle colère dans son action. Sully lui fit, de son côté, une révérence beaucoup plus profonde que de coutume. Ce prince demeura quelques instants dans la même rêverie, puis dit à Beringhen, qu'il ne faisait pas assez beau pour aller à la chasse, et qu'il le débottât. Beringhen, surpris de ce changement si prompt, lui ayant répondu un peu imprudemment qu'il faisait fort beau : « Non, fait ! répliqua Sa Majesté avec un mouvement d'impatience, il ne fait pas beau temps, et je ne veux pas monter à cheval, débottez-moi. » Après que cela eut été fait, le roi se mit à discourir en portant la parole, tantôt aux uns, tantôt aux autres, de choses qu'il croyait devoir donner à M. de Rosny occasion de parler. Sa Majesté voyant qu'il n'en faisait rien, prit Bellegarde (1) par la main, et lui dit : M. le Grand, allons nous promener ; je veux parler à vous, afin que vous partiez dès aujourd'hui pour vous en aller en Bourgogne. »

Étant sur la porte du petit degré qui descend au jardin de la reine, le roi appela l'Oscrai (2), et lui dit qu'il prît garde si M. de Rosny le suivait, et que s'il tournait d'un autre côté, il ne manquât pas de l'en avertir. Sully resta en sa même place pen-

(1) Valet de chambre de Henri IV.
(2) Roger de Saint-Larry, duc de Bellegarde.

dant tout le temps que Sa Majesté entretint le Grand, sur le chemin qui mène au jardin de la Conciergerie; mais il remarqua bien qu'elle jeta, de fois à autres, les yeux sur lui. Après que Bellegarde eut pris congé du roi, il s'avança et lui demanda si Sa Majesté n'avait rien à lui ordonner. « — Et où allez-vous? lui dit ce prince. — A Paris, Sire, lui répondit-il, pour les affaires dont Votre Majesté me parla il y a deux jours. — Eh! bien, allez, lui dit-il, c'est bien fait; je vous recommande toujours mes affaires, et que vous m'aimiez bien. » Sully fit la révérence, le roi l'embrassa comme à l'ordinaire, et M. de Rosny reprit le chemin de chez lui. Il n'était pas à plus de trois cents pas qu'il s'entendit appeler, et, s'étant retourné, il vit la Varenne qui courait après lui, en lui criant : « Monsieur, le roi vous demande. » Ce prince voyant Sully revenir, tourna sur le chemin du Chenil, et, l'appelant avant qu'il fût proche de lui : « Venez çà, lui dit-il; n'avez-vous rien du tout à me dire? — Non, Sire, pour le présent, lui répondit-il. » — Il lui prit la main en disant ces paroles, et le mena dans les allées de mûriers blancs, où il fit mettre à l'entrée des canaux qui environnaient ces mûriers, deux Suisses qui n'entendaient point le français.

Ce prince commença par l'embrasser étroitement deux fois, ce qui fut facilement aperçu des courtisans, attentifs à tous leurs gestes, parce qu'ils étaient fort en vue; et en reprenant avec lui le nom d'ami et sa première familiarité, il lui dit que la froideur et la réserve, dont ils en usaient ensemble depuis un mois, devaient être trop sensibles à deux personnes accoutumées depuis vingt-trois ans à ne se rien cacher, pour les laisser durer plus longtemps; qu'il était temps d'ôter à ceux qui en étaient la cause, un sujet de triomphe, qui flattait trop leur haine pour lui, et l'envie qu'ils portaient à la prospérité de son état et à la sienne. Le cœur de ce prince s'ouvrait à mesure qu'il lui parlait; il poursuivit qu'il ne voulait pas qu'il restât à l'un et à l'autre le moindre souvenir; qu'il croyait nécessaire pour cela de ne lui laisser rien ignorer de ce qui s'était passé de son côté, soit sur les rapports qui lui avaient été faits contre lui, soit sur l'effet qu'ils avaient produit sur son esprit, soit enfin sur les paroles et actions par lesquelles il avait fait connaître cette impression en public. Il le pria, lui commanda, lui fit promettre de suivre l'exemple qu'il allait lui montrer, de lui découvrir de même tous les différents sentiments dont il avait été susceptible, tant sur les traitements qu'il avait reçus de lui, que sur le fond de la chose même, sans avoir pour sa personne rien de secret ni de réservé.

« Je veux, lui disait-il, que nous sortions d'ici vous et moi, le cœur net de tous soupçons, et satisfaits l'un de l'autre; mais encore un coup, je veux vous ouvrir mon cœur; je vous prie de ne me rien déguiser de ce qui est dans le vôtre. »

Sully lui en donna sa parole d'honneur, après quoi il commença le premier par lui nommer, sans en oublier aucun, ceux qui l'avaient desservi en cette occasion auprès de lui, tant en effets qu'en paroles.

Il y en avait de tout état et de tout âge, quelques-uns aussi anciens serviteurs de Sa Majesté que lui.

Le roi entretint M. de Rosny de leurs artifices. Tout ce que l'esprit, éveillé par l'envie de nuire, peut imaginer, était employé par eux. Partout où Sa Majesté portait ses pas, elle ne voyait que des avis, des lettres, des libelles, des billets et autres écrits de cette espèce, sans compter les mémoires politiques qu'on lui présentait sous l'apparence de zèle pour l'état et d'amour pour sa personne. Elle en trouvait sous sa table, sous le tapis de sa chambre, sous le chevet de son lit. Sully y était présenté sous toutes les couleurs qu'on pouvait imaginer, et les épithètes les plus odieuses ne lui étaient pas épargnées. Le roi avoua avec beaucoup de sincérité à M. de Rosny, qu'il s'était si bien laissé surprendre à tout ce manège, qu'il était venu au point de perdre entièrement la bonne opinion qu'il avait eue de lui, et que ces personnes avaient si bien allumé dans lui le désir de ne rien ignorer de toutes leurs inventions, que dans le temps même qu'il paraissait las de ce grand nombre de libelles et d'avis, jusqu'à les jeter sans y faire attention, il ne pouvait pourtant résister à l'envie de les ramasser ensuite et de se les faire lire.

Pour se justifier, en quelque manière, de sa facilité à ajouter foi à tant de calomnies, le roi voulut que Sully jugeât lui-même sur les libelles où elles étaient renfermées. C'eût été quelque chose de trop ennuyeux que de les lire tous; ce prince s'arrêta sur celui que Cuvigny lui avait fait voir il y avait douze jours. Le roi, en le tirant de sa poche, lui dit que la lecture qu'il en allait faire servirait peut-être à lui faire découvrir l'auteur, dont il eût bien voulu savoir le nom. M. de Rosny le prit des mains de Sa Majesté, et il se mit à le lire d'un bout à l'autre, tout haut, en sa présence.

L'auteur commençait, non à examiner les actions de M. de Rosny, mais à critiquer ses manières; on disait tout ce qu'il avait déjà mis, par son extérieur étudié, de personnes dans son parti, depuis les princes jusque parmi le peuple, dont le nombre était très-grand. On essayait de faire ce dénombrement. Le prince de Conti et le duc de Montpensier étaient à la tête de cette liste; ensuite la maison entière de Lorraine, puis les autres seigneurs français; le duc d'Épernon, MM. de Montbazon, de Ventadour, de Fervaques, d'Ocnano, de Saint-Géran, de Praslin, de Grammont, d'Aubeterre, de Montigny, de Schomberg et autres, qu'il s'était attachés étroitement par la distinction qu'il faisait de leur personne, par les services continuels qu'il leur rendait, et par la distribution qu'il faisait entre eux, d'une partie de ces trésors de Sa Majesté, dont il était si avare pour tous les autres. Comme tout cela ne suffisait pas encore pour les vues que l'auteur lui attribuait, il y joignait les intelligences qu'il avait hors du royaume. Il abusait d'un mot que le roi d'Angleterre pouvait bien avoir dit, mais par compliment, « que le roi de France était heureux de l'avoir », pour prononcer sans balancer, qu'il avait violé la foi qu'il devait à son prince. Non-seulement Sa Majesté Britannique, mais encore les états-généraux des Provinces-Unies, les ducs de Wirtemberg et de Deux-Ponts, le landgrave de Hesse, le prince d'Anhalt, les marquis d'Anspach, de Dourlach et de Bade, étaient prêts à prendre hautement et aveuglément sa défense. Tout protestant français et étranger lui était entièrement dévoué, aussi bien que le sénat helvétique, gagné par la régularité des paiements et par ses largesses. Si on en croyait l'auteur, Sully n'en était plus à de simples intelligences dans les pays étrangers. En faisant passer l'argent de Sa Majesté dans l'Angleterre, les Pays-Bas, l'Allemagne, la Suisse, il faisait pour lui-même de cet argent des sommes immenses, afin de pouvoir s'y retirer un jour et y faire, dans l'occasion, en faveur de la religion réformée, des levées considérables de Suisses, de Reitres et de Lansquenets, auxquels il mettrait la France en proie. En faisant, pour les magasins de Sa Majesté, les achats d'armes, de fer, de cuivre, de plomb, de boulets et autres munitions de guerre, il avait aussi, selon l'auteur, ses magasins particuliers dans les plus fortes villes protestantes, où il faisait déposer une partie de tout cela en son nom et pour s'en servir un jour. On concluait cette pièce admirable pour un avis qu'on donnait à Sa Majesté, de ne laisser plus ainsi, dans la main d'un seul homme, le maniement de tous ses deniers, l'usage de toute son autorité, et l'administration de toutes ses affaires, sans lui associer du moins des personnes qui éclairassent de près sa conduite.

Pendant cette lecture, le roi observait attentivement M. de Rosny. Comme il vit qu'il avait lu le mémoire tout entier, comme il aurait lu l'écrit le plus indifférent, sans dire un seul mot, sans montrer d'émotion, sans même changer de couleur : — « Hé bien! que vous en semble, lui dit-il? — Mais vous, Sire, lui répondit-il, quelle opinion en avez-vous, vous qui les avez lus et relus, et si longtemps gardés? car, pour moi, je ne suis pas si surpris de toutes ces pièces, qui ne sont, en effet, que des niaiseries de gens sots et méchants, comme je suis loin de voir qu'un aussi grand roi, aussi rempli de jugement, de courage et de bonté, et qui m'a si bien connu, ait pu avoir la patience de les lire et de les garder si longtemps, de me les faire lire tout au long, et en sa présence, et d'entendre tenir tous les mêmes discours qu'ils renferment, sans du moins témoigner, par sa colère, la violence qu'il se faisait en les entendant, et faire rechercher les auteurs pour les châtier sévèrement. »

Après avoir ainsi parlé au roi, Sully fit réflexion qu'il travaillerait plus efficacement à lui rendre la tranquillité et tous ses premiers sentiments pour lui, en répondant directement à chacun des chefs d'accusation de ses ennemis, et qu'il lui en avait donné sa parole. Il s'attacha pour cela à chacun des articles du libelle qu'il avait encore dans les mains. Il défia qu'on pût jamais en citer un seul de personne, soit ami, soit parent, qu'il eût gratifié sans une raison légitime, et de plus, un ordre particulier de Sa Majesté. Il appela de ces imputations si gratuites de dessein de révoltes et de guerres civiles, à la connaissance qu'avait le roi de son amour pour sa patrie, de son attachement à sa personne, du soin de son honneur et de sa réputation, et des obstacles qu'en toute occasion il avait apportés aux méchants desseins des protestants, jusqu'à se charger de toute leur haine.

Il ne lui fut pas difficile de voir que Sa Majesté sentait toute la force de ce qu'il venait de lui dire. Il finit en la suppliant, avec les instances les plus vives, de croire qu'il ne lui avait rien caché ni déguisé de tous les sentiments de son cœur; il le lui confirma par ces serments redoutables qu'elle savait bien qu'il n'avait jamais faits en vain, et en l'appelant de ces noms qui avaient été de tout temps l'expression de ce qu'il sentait de zèle et d'attachement pour ce prince. Il voulait embrasser ses genoux; mais il ne le souffrit pas, afin que ceux qui auraient vu de loin cette posture, ne pussent pas croire qu'il y avait eu recours pour obtenir le pardon d'un crime réel. Il lui dit que rien ne manquait dans son esprit à sa justification; qu'il se repentait d'avoir été si crédule, et qu'il ne se souviendrait de tout ce qui s'était passé que pour mieux sentir l'obligation où il était de l'en aimer davantage. C'est ainsi que se passa un entretien si nécessaire à la consolation de tous deux.

Chacun attendait, suivant ses craintes et ses espérances, quel allait être le résultat d'un éclaircissement si important. Le roi voulut le leur apprendre lui-même. Après qu'il eut repris ses papiers, bien résolu de les jeter au feu, il sortit de l'allée des Mûriers, en tenant Sully par la main, et demanda à tout ce monde assemblé quelle heure il était. On lui répondit qu'il était près d'une heure après midi, et qu'il avait été fort long-temps. « Je vois ce que c'est, dit le prince; il y en a auxquels il a plus ennuyé qu'à moi. Afin de les consoler, je veux bien vous dire à tous que j'aime Rosny plus que jamais, et qu'entre lui et moi, c'est à la vie et à la mort : et vous, mon ami, poursuivit-il, allez-vous en dîner, et m'aimez et servez comme vous avez toujours fait, car j'en suis content. » M. de Rosny se retira satisfait d'avoir convaincu Sa Majesté de son innocence.

Sully empêche des jeunes gens de se battre en duel. — Sa remontrance
à ce sujet sur la véritable valeur.

Dans toutes les villes considérables du royaume, particulièrement dans celles où il y avait des arsenaux et des académies, on tenait ausssi, pour la jeune noblesse, école de toute sorte de jeux et d'exercices, soit militaires, soit de simple adresse, et on ne les cultivait en aucun endroit avec plus de soin qu'à Paris, où les cours de l'arsenal destinées à cet usage étaient remplies presque à toutes les heures du jour. Sully y assistait même, lorsqu'il pouvait dérober un moment aux affaires, autant par goût que parce qu'il croyait sa présence propre à donner de l'émulation.

Un après-midi de carnaval, temps le plus favorable à ces jeux, M. de Rosny était sorti de son cabinet pour se faire voir à toute cette jeunesse assemblée. Il arriva fort à propos pour empêcher la suite de deux querelles que ce faux point d'honneur, dont on a bien voulu se rendre esclave, en France comme partout ailleurs, allait rendre bien tragiques : elles s'étaient élevées pour un rien, comme la plupart de celles dont on voit s'ensuivre ces catastrophes si sanglantes.

Sully crut devoir remontrer à ces jeunes gens, qui s'assemblèrent autour de lui, l'erreur où ils étaient sur le fait de la véritable valeur. « C'est, leur dit-il, dans les lieux destinés à la guerre et dans les actions qui ont pour objet le service de la patrie, qu'il est permis au courage de se montrer ; celui dont on s'arme contre des amis ou des compatriotes, au mépris de toutes les lois naturelles, divines et humaines, n'est que brutalité, démence et vraie faiblesse. » Il s'aperçut que la morale qu'il prêchait était bien étrangère à de jeunes têtes échauffées par les bouillons du sang et de l'âge. L'un d'eux, qui voulut apparemment se donner auprès de ses camarades un air de suffisance ou de bravoure, prit la parole et lui répondit « que les princes ayant de tout temps permis et même autorisé les duels, ils avaient passé en coutume qui tenait lieu de loi. »

M. de Rosny se contenta, pour le moment présent, de faire sentir au jeune homme qu'il s'appuyait sur des principes de raisonnement faux et erronés, et d'empêcher toute voie de fait ; mais lorsqu'il fut retiré chez lui, il composa une espèce de mémoire sur les duels, qu'il fit voir au roi, en l'instruisant des accidents qui y avaient donné lieu.

Réplique de Sully à Sillery, en présence du roi, au sujet de l'inventaire des états faisant partie de l'état général des finances.

Sully avait donné à Sa Majesté un inventaire de tous les états faisant partie de l'état général des finances ou indiqués par cet état. Comme le roi partit deux jours après qu'il eut remis ces papiers, pour Chantilly, M. de Rosny crut qu'il ne fit pas grande attention à cette longue liste d'états qui fut un petit sujet de dispute. Un jour que Sa Majesté s'entretenait avec le chancelier, Villeroy et Sully, la conversation fut mise sur cette matière. M. de Rosny dit, qu'outre les états dont il pouvait laisser le soin à ses secrétaires en leur donnant seulement un sommaire, il y en avait plus de cent qu'il était obligé d'écrire tous de sa main, au commencement de chaque année. Le roi en parut étonné et Villeroy aussi. — « Je sais bien, monsieur, reprit Sillery avec son air bénin, qu'il y en a beaucoup, mais cent! je ne le pense pas, car j'en vois quelque chose. — Vous avez bien fait, monsieur, lui répondit M. de Rosny, de dire quelque chose ; mais vous auriez encore mieux fait de ne point parler du tout de ce que vous ne pouvez savoir que par moi-même. » Il ne s'agissait, pour voir qui avait raison de tous deux, que de jeter les yeux sur l'inventaire que Sully avait donné au roi ; ils y étaient tous compris et il n'y avait que ceux-là seuls. Comme M. de Rosny en avait une copie dans le sac de ses papiers, que portait l'un de ses secrétaires, il le fit approcher, et Sa Majesté connut par cet écrit qu'il n'avait rien avancé de trop. Ce fut Sillery lui-même qui en fit la lecture et le compte.

Réponse de Sully à Joannini sur le véritable degré de la grandeur du duc de Florence.

Le duc de Florence ayant envoyé, après la mort du duc son père (Ferdinand de Médicis, grand-duc de Toscane), un ambassadeur extraordinaire à Rome, pour prêter obéissance au Pape, cet ambassadeur, soit par ordre de son maître, soit de son propre mouvement ou peut-être par mégarde, visita l'ambassadeur d'Espagne avant l'ambassadeur de France. Le roi ne l'eut pas plutôt appris qu'il songea à en tirer raison, et il commença par révoquer un ordre qu'il venait de donner sur les représentations du chevalier Guidi, pour le paiement d'une somme de cent mille livres qui se trouvait encore due au grand-duc. M. Joannini, agent de ce prince, qui prévit toutes les conséquences de cette affaire, assembla ses amis et ses partisans pour concerter avec eux les moyens de faire en sorte que la réparation qu'on était en droit d'exiger se bornât du moins au duc de Florence et ne fût pas une espèce d'insulte pour l'Espagne même ; et comme Sully passait pour être celui du conseil qui était le plus capable d'inspirer au roi une résolution ferme et hardie, ils convinrent que Joannini irait le trouver et ferait tous ses efforts pour l'amener à des sentiments plus doux.

Il ne coûtait rien à M. de Rosny d'accorder à ses instances qu'il n'agissait et ne parlerait en cette occasion que pour exécuter simplement les ordres du roi. Il savait que sur pareille matière le roi n'avait pas besoin qu'on l'excitât à soutenir ses droits, et Joannini n'en était pas moins persuadé que lui. Sully lui dit pourtant « qu'il lui paraissait fort étrange qu'un aussi petit prince que l'était son maître, et tout récemment mis au rang des ducs, se mêlât de régler le rang entre les rois de France et d'Espagne. » Joannini reçut ces paroles comme fait tout ambassadeur en pareille rencontre ; et pour persuader à M. de Rosny qu'il devait traiter son maître avec plus de respect, il entra dans un long discours sur ses qualités et sur sa généalogie, qu'il rapporta à la maison d'Autriche, dont il commença aussi à faire l'éloge. Sully l'interrompit en lui disant « que tout le monde pouvait décider aussi bien que lui sur le véritable degré de la grandeur du duc de Florence, puisqu'on l'avait vu commencer de nos jours ; que pour ce qui regarde la maison d'Autriche il n'avait pas besoin d'être instruit, lui qui comptait parmi ses aïeux une fille de cette maison (1), morte

(1) Jean de Béthune, seigneur de Vandeuil, Locres, etc., auteur de la branche de laquelle descendait Sully, épousa Jeanne de Coucy, alliée à la maison d'Autriche, parce que d'Enguerrand VI de Coucy, ou pour parler plus juste de Guines, portant le nom et les armes de la maison de Coucy, éteinte, avait pris en ma-

il y avait cent cinquante ans, mais qu'on ne pouvait faire sérieusement comparaison de cette maison à l'auguste maison de France. »

Cependant cette affaire ne produisit rien de fâcheux, parce qu'à la première plainte que le roi en fit porter au duc de Florence, celui-ci protesta qu'il n'avait aucune part à l'imprudent procédé de son ambassadeur, et qu'il se soumettrait à tout ce que Sa Majesté voudrait exiger de lui, pour la réparation de cette offense. Il rappela cet ambassadeur, sans attendre que le roi le pressât davantage, et il lui ordonna de faire, avant que de partir, une déclaration authentique de sa faute, qui fut rendue publique à Rome et en France. Le roi se tint content de cette satisfaction.

———

Manière dont Sully traite M. Arnaud, au sujet de la nouvelle mutation
de gouvernement, après la mort de Henri IV.

Henri IV ne fut pas plutôt mort, que Sully ne fut pas long-temps sans s'apercevoir que, quoiqu'on affectât à l'extérieur de ne négliger aucune des formalités qui s'observent ordinairement dans l'établissement d'une légitime régence, quoiqu'on voulût faire passer le changement qu'on commençait à laisser apercevoir dans l'administration, pour l'effet commun et nécessaire d'une mutation de gouvernement; enfin, que quoiqu'on s'étudiât à faire entendre que ce gouvernement n'avait pour

riage Catherine d'Autriche, fille de Léopold, qui est cette fille que Sully désigne ici. Il eût parlé plus correctement s'il avait dit qu'elle entra dans la maison de Coucy, à laquelle la sienne s'allia. Il tombe encore dans une autre faute de chronologie, en ce qu'au lieu de cent-cinquante ans, il devait dire deux cent cinquante ans, cet Enguerrand de Coucy, mari de Catherine d'Autriche, ayant été tué à la bataille de Crécy, en 1346.

objet que de donner plus de force et de lustre à l'autorité du roi enfant, ceux qui faisaient agir la reine ne songeaient pourtant réellement qu'à travailler sous ce masque pour leur compte. Toutes ces apparences de régularité s'évanouissaient lorsqu'on les regardait de près, et ne laissaient plus voir que des manquements réels à l'ordre et à la forme, qui effrayaient le petit nombre de personnes bien intentionnées. Sully crut être dans l'obligation, et en quelque sorte encore en droit de faire sentir qu'il voyait l'abus et qu'il ne l'approuvait pas; mais le temps des libres remontrances était passé.

La reine ne faisait entrer dans ses conseils secrets que Conchini et sa femme, le nonce du pape, l'ambassadeur d'Espagne, le chevalier Sillery, le duc d'Épernon, Villeroy, Jeannin et Arnaud, qui, pour être à M. de Rosny, n'en était pas moins, aussi bien que Jeannin, tout entier à Conchini, le médecin Duret, Dollé et le père Cotton. Ce qui se traitait alors avait pour but l'union des couronnes de France et d'Espagne, le renoncement aux plus anciennes alliances de la couronne avec les princes étrangers, les abolitions de tous les édits de pacification, la destruction des protestants, l'expulsion de tous ceux de cette religion qui étaient en place, la disgrâce de tous ceux qui ne voudraient pas plier sous le joug des nouveaux favoris, la dissipation des trésors amassés par le feu roi, pour s'attacher les avares et les ambitieux et pour combler de biens et d'autorité ceux qu'on allait faire monter aux premiers rangs.

Sully ne voulut point avoir à se reprocher que des principes si faux prissent cours par son silence. Il les combattit d'abord méthodiquement; et si l'avantage avait dû rester du côté de la raison, il l'aurait emporté; mais il comprit bientôt que l'ignorance était le moindre des vices qu'il avait à combattre. Il acheva de se confirmer dans la pensée qu'il présentait des remèdes à des malades volontaires, en voyant que sa liberté, qu'on avait d'abord soufferte comme une espèce de défaut d'habitude, commençait à paraître si importune, qu'il lisait sans cesse sur les visages la peine qu'on avait à se taire, et qu'on s'affranchit bientôt de ce petit reste d'égards. Dès lors il se regarda comme un homme qui allait bientôt être quelque chose de plus qu'inutile, et il forma très-sérieusement le dessein de travailler peu à peu à se dégager d'une place où il ne pouvait soutenir sa réputation qu'avec des risques infinis, ou la démentir qu'en se déshonorant tout à fait.

Arnaud, un des gens de Sully, dont nous avons parlé il n'y a qu'un moment, eut l'impudence de lui dire, un jour qu'il le voyait extrêmement affligé de cette pensée, qu'il lui semblait que c'était à tort qu'il se désespérait ainsi sur l'avenir, qu'il se pourrait faire dans la suite des épargnes, que les grandes dépenses du feu roi, en bâtiments, chiens, oiseaux, jeux, rendaient impossibles de son vivant. Ce discours parut à M. de Rosny si criminel dans la bouche de celui qui le lui tenait, que dans le mouvement d'une violente colère, il le traita d'ingrat, de méchant et d'effronté; qu'il le menaça de lui donner un soufflet, et lui défendit de paraître jamais devant lui. Sully ne disait que trop vrai, lorsqu'il lui reprocha en ce moment que son lâche manége et ses conseils pernicieux allaient ouvrir la première voie à la dissipation et à la mauvaise administration.

Réplique de Sully, en plein conseil, au duc de Bouillon, concernant ses charges.

Le duc de Bouillon qui, en toute occasion, savait bien faire voir qu'il se souvenait que Sully avait toujours préféré l'intérêt du feu roi au sien, et qui n'attendait que le premier moment favorable pour lui en témoigner son ressentiment, proposa un jour, dans le conseil, de faire rapporter par tous ceux qui étaient en possession des principales charges du royaume, des états de recette et de dépense, pour y être examinés. Le conseil reçut cette proposition, qui, toute générale qu'elle était dans l'esprit de celui qui la faisait, ne regardait que M. de Rosny seul; et le duc de Bouillon se chargea de le lui apprendre, en lui disant aussi en plein conseil, qu'étant un homme d'ordre, et qui n'avait cherché qu'à montrer le bon exemple aux autres, il ne manquerait pas, sans doute, de commencer par ce qui regardait sa charge de grand maître de l'artillerie. Sully lui répondit d'un ton que peut-être il n'attendait pas, « que quand il plairait au roi et à la reine, il leur ferait voir tous ses états, d'autant plus volontiers qu'il était bien assuré qu'ils n'y trouveraient que des sujets de satisfaction pour eux et de louange pour lui; que les princes du sang représentant aussi la personne du roi dans une minorité, il se ferait pareillement un devoir de les leur montrer; mais qu'il connaissait assez l'étendue de sa charge, pour savoir que c'était l'avilir que de la rendre responsable à tout autre tribunal. — Il me semble pourtant, monsieur, reprit le duc de Bouillon, que le connétable et les maréchaux de France étant particulièrement établis sur les armes, ils peuvent prendre connaissance de toutes les charges qui les concernent et la vôtre est une des principales de cette espèce. — Je vois bien, répliqua M. de Rosny, sans cacher le dépit qu'il ressentait de ce procédé, que, de longue main vous m'avez préparé cette collation et que vous cherchez à vous fortifier adroitement du connétable. J'estime et j'honore sa qualité, son mérite, son âge et la bienveillance qu'il me porte, et je suis sûr que je m'accorderais toujours bien avec lui; mais pour vous, et tous

les autres, je vous déclare que je ne vous dois aucune défé-
rence : en ce qui regarde ma charge, je ne dois compte qu'au
roi seul de mes fonctions. — Vous conviendrez au moins, reprit
encore le duc de Bouillon, que vos lettres nous étant adressées,
cela emporte quelque idée d'autorité sur elles. — Monsieur,
lui dit Sully, vous avez mal lu ou mal entendu, autrement je
serais aussi responsable de ma charge aux maires, échevins et
capitaine des portes des villes; car il y a pareille adresse à eux
qu'aux maréchaux de France et aux gouverneurs. Mais, savez-
vous bien pourquoi ces clauses y sont mises? C'est afin que
toutes ces personnes m'assistent en ce que je désirerai d'elles;
ce qui emporterait bien plutôt l'idée de supériorité que d'in-
fériorité. »

La reine, qui vit que les paroles s'échauffaient et allaient produire une véritable querelle, leur imposa silence à tous les
deux, et l'on mit une autre question sur le tapis.

Réplique de Sully à Louis XIII, au sujet des courtisans
qui tournaient en ridicule son habillement.

Sully ne pouvant, à cause de sa religion, avoir aucun ordre,
il s'en était fait un pour lui-même. L'inventaire de ses effets
porte plusieurs chaînes de diamants servant à cet usage. Il se
mettait donc au cou, surtout depuis la mort de Henri IV, une
chaîne d'or ou de diamants où pendait une grande médaille
sur laquelle était empreinte en relief la figure de ce prince; il
ne la quittait pas, même lorsqu'il venait à la cour, non plus que
l'ancien habillement qu'il conserva toujours sans vouloir s'as-
sujettir à la mode. Un jour Louis XIII l'avait mandé : « Je vous

ai fait venir, M. de Sully, lui dit ce jeune prince, comme étant l'homme de confiance du feu roi, mon père, et un de ses principaux ministres, pour vous demander avis et m'entretenir avec vous sur les importantes affaires que j'ai à présent. » M. de Rosny, qui ne voyait autour du roi que de jeunes courtisans qui riaient entre eux, et qui, pour faire leur cour au connétable de Luynes, tournaient en ridicule son habillement, son maintien grave et toutes ses manières, fit cette réponse : « Sire, je suis trop vieux pour changer d'habitudes sur rien. Quand le feu roi, votre père, de glorieuse mémoire, me faisait l'honneur de m'appeler auprès de sa personne, pour s'entretenir avec moi sur ses grandes et importantes affaires, au préalable, il faisait sortir les bouffons. » Le jeune roi parut approuver cette liberté ; il fit retirer tout le monde, et demeura seul avec Sully.

ÉLOGE

DE SULLY

Le moindre des mérites de Sully fut d'être d'une naissance illustre (1). Il tenait, d'un côté, à la maison d'Autriche, de l'autre à la maison de France. C'en était assez pour corrompre une âme faible. La sienne ne trouva dans cet heureux hasard, que des motifs de grandeur. Il y puisa cet orgueil qui s'indigne des bassesses, et marche à la gloire par la vertu. La fortune lui accorda un nouvel avantage pour devenir grand, car il était pauvre. Tandis qu'il était élevé à Rosny dans toute l'austérité des mœurs antiques, déjà croissait dans les montagnes et parmi les rochers du Béarn, cet autre enfant destiné à conquérir et

---

(1) MAXIMILIEN DE BÉTHUNE, baron de Rosny, duc de Sully, maréchal de France et principal ministre sous Henri IV, naquit à Rosny, le 13 décembre 1560, de François de Béthune, baron de Rosny, et de Charlotte Dauvet, fille d'un président de la chambre des comptes de Paris.

La maison de Béthune était illustrée et connue dès le x⁰ siècle. L'histoire en fait une mention honorable dans les guerres des croisades. Elle s'allia dans la suite avec différents princes de la maison de France, avec les empereurs de Constantinople, les comtes de Flandres, les ducs de Lorraine, les rois de Jérusalem, les rois de Castille, les rois d'Écosse, les rois d'Angleterre, avec la maison d'Autriche, avec les maisons de Courtenay, de Châtillon, de Montmorency, de Melun, de Horn, etc. On peut dire du duc de Sully, qu'il soutint un si grand nom, ce qui est sans doute la première gloire après celle de le créer.

à gouverner la France (1). Le ciel devait les unir un jour pour le bonheur de l'État; cependant ils étaient encore faibles et le sang coulait autour d'eux. Quatre batailles où les Français s'égorgèrent, servirent d'époque à l'enfance de Sully (2). De plus grands maux se préparaient encore. Quelle main pourra efface du souvenir de la postérité ce jour qui fut suivi de vingt-six ans de carnage, ce jour où le fanatisme changea un peuple doux en un peuple de meurtriers, et où, d'un bout de la France à l'autre, les autels furent inondés de sang! Je te rends grâce, ô ciel, de ce que Henri IV et Sully ne périrent pas dans cette journée. La mort de ces deux hommes seuls eût été plus funeste à l'État que celle des soixante-dix mille citoyens qui furent égorgés.

L'éducation de Sully fut interrompue par ces revers. Il se vit obligé de renoncer à l'étude des langues; mais l'histoire, en lui mettant sous les yeux la vie des grands hommes, lui fit sentir qu'il était né pour les imiter. Les mathématiques accoutumèrent son esprit à ces combinaisons justes et rapides qui forment le guerrier et l'homme d'État. Son siècle même l'instruisit. Les fureurs religieuses dont il fut le témoin et presque la victime, lui inspirèrent l'horreur du fanatisme. Le ravage des villes et des campagnes réveilla dans son cœur l'humanité. La faim, la soif, les périls et les travaux formèrent son courage. Quoi donc! en voyant les mœurs faibles et corrompues de notre siècle, serions-nous réduits à envier ces temps de discordes civiles où les États éprouvent des secousses,

____

(1) Henri, roi de Navarre, qui, avec le secours de Sully, devait faire tant de bien à la France, était plus âgé que lui de sept ans.

(2) Pendant l'enfance de Sully, il y eut quatre batailles livrées entre les protestants et les catholiques, celle de Dreux en 1562, celle de Saint-Denis en 1567, celle de Jarnac et de Moncontour en 1569; enfin la Saint-Barthélemy, plus meurtrière que dix batailles, en 1572.

mais où les âmes se fortifient par les épreuves? Sully n'est encore âgé que de seize ans, et déjà il commence à se signaler. Les premiers talents qu'il montra furent ceux de la guerre.

Charles IX était mort, prince féroce et faible, esclave de sa mère, teint du sang de ses sujets. Henri III accourait du fond de la Pologne. Catherine, voluptueuse et cruelle, reine barbare et femme superstitieuse, tenait les rênes sanglantes de l'État. Les protestants, plus terribles par leurs pertes, couraient venger les meurtres de la Saint-Barthélemy. Henri avait brisé ses fers; ce jeune prince volait de sa prison aux combats; Rosny le suit (1). Impatient de vaincre, il sert sans autre titre que celui de volontaire. Les plaines de Tours furent le premier théâtre de sa valeur. Déjà il alarme le cœur sensible du roi de Navarre; ce prince loue son courage en blâmant sa témérité. Un drapeau lui est confié; ce devait être en ses mains l'étendard de la victoire. Il consacre à son maître le fruit de ses économies, et l'or qui était le prix de son sang. Plusieurs gentilshommes à sa solde font serment de combattre et de mourir avec lui (2). Dès ce moment il ne fut attaché qu'à la seule personne du roi. C'était se dévouer aux périls et s'enchaîner à l'honneur. Henri, seul avec quelques guerriers est enfermé dans une ville ennemie et séparé de son armée; Sully combat à ses côtés contre tout un

(1) La guerre civile, qu'on avait crue éteinte par les massacres de la Saint-Barthélemy, recommença en 1574.

(2) Les économies du jeune Rosny, jointes aux profits militaires qu'il avait faits dans cette campagne, le mirent en état d'entretenir à sa solde plusieurs gentilshommes avec lesquels il ne s'attacha plus qu'à la personne du roi. Quoiqu'il n'eût encore que seize ans, il mit un ordre si réglé dans son domestique, qu'il vint à bout de soutenir un état qui paraissait au-dessus de sa fortune. Le roi de Navarre le remarqua et conçut dès ce moment pour lui une très-grande estime. Il n'appartient pas à tout le monde de deviner les grands caractères par les petites choses. C'est ce que fit alors le roi de Navarre. Peut-être dans ce jeune officier, il vit déjà le ministre et le surintendant des finances.

peuple (1), et le nouveau Parménion goûta la gloire de sauver aussi son Alexandre. Les périls renaissent avec les combats. Ici il est enveloppé, et ne voit plus que l'honneur de la mort ; l'épée à la main, il brave une armée (2). Henri blâme en vain ces excès de valeur ; ce qu'il défendait par ses discours, il l'autorisait par ses exemples, et Sully dans les combats était encore plus porté à imiter son maître, qu'à lui obéir.

La France, déchirée et sanglante, parut enfin se reposer. On vit les deux cours passer en un instant, de la guerre aux plaisirs. Étrange contraste de fureurs et de voluptés ! ces guerriers que la superstition avait rendus féroces, s'occupaient de galanterie, de festins et de danses. L'intérêt eut bientôt rompu une paix mal observée. Le roi de Navarre, à la tête de quinze cents hommes, attaque une place importante et bien défendue. La hache enfonce les portes ; mais dans l'intérieur de la ville, cent barrières qui s'élèvent arrêtent les vainqueurs (3). C'est à l'his-

(1) Le roi ayant surpris Eause, ville d'Armagnac, y entra à la tête de quinze ou seize hommes qui le suivaient de plus près. Comme on abattit sur le champ la herse du pont, le reste de son armée ne put le suivre et demeura hors de la ville. Aussitôt les habitants sonnèrent le tocsin et vinrent attaquer cette petite troupe. On entendit plusieurs voix qui criaient : « Tirez à cette jupe écarlate et à ce panache blanc : c'est le roi de Navarre. » Ce prince fondit, le pistolet à la main, sur plusieurs pelotons, et les dissipa ; mais le nombre des ennemis augmenta, et le danger devint extrême. Le roi, adossé contre le portail d'une église, combattit assez longtemps pour que son armée eut le temps d'enfoncer les portes et de venir à son secours. Rosny, dans ce péril, partagea l'honneur de défendre son maître et de le conserver à la France.

(2) Devant Mirande, Rosny et le jeune Béthune, son cousin, se virent enveloppés d'ennemis. Ils combattirent longtemps sans autre espérance que celle de venger leur mort : déjà ils ne pouvaient plus soutenir leurs armes, lorsque le roi de Navarre envoya à leur secours. Devant Nérac, ce prince repoussa presque seul un gros de cavalerie qui s'était avancé pour le surprendre. Rosny, à son exemple, alla le même jour, avec douze ou quinze hommes, faire le coup de pistolet jusqu'à la portée de l'armée catholique. Le roi, qui le remarqua, dit à Béthune : « Allez à votre cousin le baron de Rosny ; il est étourdi comme un hanneton ; retirez-le de là et les autres aussi, car ils seront tous pris ou tués. » Rosny obéit, et le roi, qui vit son cheval blessé à l'épaule, lui reprocha sa témérité avec la colère de l'amitié.

(3) Siége de Cahors en 1580

toire à peindre Sully combattant ici à côté de son roi ; à chaque pas livrant de nouvelles batailles ; montant à de nouveaux assauts ; exposé au feu des batteries, à la grêle des mousquets, aux pierres qui roulaient du haut des maisons ; restant ainsi cinq jours et cinq nuits entières sans quitter ses armes ; dérobant à la hâte et sur le champ de bataille une nourriture ensanglantée ; ne prenant de repos que debout, et adossé contre les maisons dont les débris s'écroulaient sur leurs têtes ; en cet état, blessé et tout dégoûtant de sang, mais combattant toujours, et d'une main attaquant les ennemis, tandis que de l'autre il défendait son roi.

La guerre de ces temps-là n'était pas semblable à celle qui se fait aujoud'hui, où cent mille hommes, forment des masses redoutables qui s'étudient, s'observent, combinent avec une sage lenteur tous leurs mouvements, et balancent avec un art terrible et profond la destinée des États. Les armées, beaucoup moins nombreuses, se portaient partout avec plus de rapidité. L'enthousiasme des guerres civiles se communiquant aux esprits y répandait une chaleur qui osait tout et bravait tout. On voyait plus de coups de main que d'actions combinées, plus de chocs que de batailles. Les combats, plus fréquents, avaient aussi moins d'influence. L'audace suppléait à la faiblesse des moyens. Les villes étaient prises et reprises tour à tour. On négociait, on combattait en même temps, et partout l'intrigue se mêlait à la guerre.

Je ne suivrai point Sully dans toutes les expéditions où il accompagna et servit Henri IV. On verrait partout les mêmes tableaux, des siéges, des combats, des périls, des blessures (1). Je passe rapidement sur ces objets, et je me hâte d'arriver à

(1) En 1580, Rosny, devant Marmande, eut un cheval tué sous lui.

des époques plus importantes. Henri III n'était plus. Ce prince malheureux était mort percé du poignard qu'avait aiguisé sa faiblesse. Le trône de la France, vacant par un assassinat, était disputé par la révolte et par l'intrigue. Mayenne avait pour lui le sang de Lorraine, ses talents et le fanatisme des peuples le cardinal de Bourbon, un titre et le fantôme du pouvoir; Philippe II, l'or du Mexique, les foudres de Rome, et le génie du duc de Parme; Henri IV, ses droits, ses vertus, son épée et Sully.

Déjà Sully l'a rendu maître de Meulan, place importante. Mayenne s'avance à la tête de trente mille hommes. Henri n'en a que trois mille et il ose combattre (1). Il confie à Sully un de ces postes qui multiplient les forces d'une armée et décident les victoires. Sully combat et dispose. Il donne à la fois l'ordre et l'exemple. Ses troupes sont enfoncées, il les rallie. De nouveaux ennemis succèdent à ceux qu'il a terrassés, et ses soldats s'épuisent. Il vole à Henri IV et demande un renfort. « Mon ami, lui dit le roi, je n'en ai pas à vous donner, mais il ne faut pas perdre courage. » Sully revole à ses troupes; il leur annonce un prompt secours. Il ne les trompait pas; sa valeur, son intrépidité, son zèle pour l'État, son amour pour son roi; toutes ses vertus, enflammées par le danger de Henri IV, voilà le secours qu'il leur apporte. Ces sentiments passent dans tous les cœurs; les blessés ne voient plus leur sang qui coule, les mourants se raniment; les bras se multiplient, et Sully vainqueur assure la victoire de Henri IV.

Paris est assiégé. Sully emporte un des faubourgs, et va semer l'effroi jusque dans l'enceinte de la ville. Il fait lever le siége de Meulan. Il défend contre une armée une place sans

(1) Bataille d'Arques, le 20 septembre 1589.

muraille. Cependant les Espagnols se sont joints aux ligueurs. Mayenne avec d'Egmont marche contre Henri. Une bataille va décider du sort de la France (1). Les plaines d'Ivry virent Sully combattre avec intrépidité, jusqu'au moment où renversé, foulé aux pieds des chevaux, et percé de sept blessures, il demeura sans casque et sans armes, évanoui et abandonné sur le champ de bataille. Ce fut au sortir de ce combat, que Henri, penché sur ses blessures, lui donna devant toute son armée, le titre de brave et de franc chevalier. Ce titre n'était pas de ceux qui décorent la vanité, c'était le titre des héros. Nobles Français, ce titre était celui de vos ancêtres : l'auriez-vous oublié ? On l'achetait par le sang, on le soutenait par les vertus ; il annonçait l'honneur, et ne le suppléait jamais. Sully le méritait sans doute. Il apprend que son roi forme un second siége de Paris ; il s'y fait traîner. Ses pas chancelants ne peuvent encore le soutenir dans les combats, son bras en écharpe ne peut manier l'épée ; mais sa tête peut servir son prince, sa voix peut enflammer les troupes. La vue même de ses blessures sera le signal du combat et l'exemple du courage. Bientôt son bras seconde sa valeur. Il prend Gisors il vole au siége de Chartres, et peu s'en faut qu'il n'y périsse. Il concerte un projet pour faire tomber Mayenne entre ses mains mais l'ardeur indomptable de Henri sauve le chef de la Ligue. Au siége de Rouen, il brigue l'honneur de diriger une batterie mais déjà l'envie lui dispute la gloire de servir l'État. On ne lui enlèvera pas du moins celle de verser son sang à côté de son maître. Le duc de Parme était rentré pour la seconde fois en France (2). Le roi,

(1) Bataille d'Ivry, le 14 mars 1590.
(2) Alexandre Farnèse, duc de Parme, un des plus grands hommes de guerre que l'Europe ait produits, servait par son génie la politique ambitieuse de Philippe II.

qui ne comptait jamais les troupes, marche vers lui; à la tête de cent hommes, il ose en affronter trente mille, action étonnante, et qui, pour être crue, a besoin du nom de Henri IV! Sully combat comme les Spartiates aux Thermopyles. Soixante de ses compagnons périssent à ses côtés, et son bras, avec quarante hommes, soutient le destin de la France contre une armée.

La nature avait donné à Sully le goût des siéges et les talents pour l'attaque et la défense des places. Entraîné par cette impulsion, il avait approfondi l'art du génie; art utile et terrible. Cet art était encore loin d'être perfectionné, et l'Europe attendait Vauban (1); mais Sully, dans cette partie même, eut la gloire qui caractérise le plus un grand homme, celle de devancer son siècle. Au siége de Dreux, ses ennemis osent insulter à ses mesures; son succès le venge (2). Il contribue à la prise de Laon; ce fut là qu'il combattit pour la dernière fois contre les Français. En entrant dans cette place, il eût volontiers brisé son épée, instrument des guerres civiles; mais il espérait la laver dans un sang ennemi. Henri a déclaré la guerre aux Espagnols. Sully est appelé au siége de la Fère; il le dirige par ses conseils; il y pourvoit à la subsistance des troupes. Devant Amiens, il n'est pas moins utile à son roi; Amiens, dont la perte avait presque ébranlé le trône de Henri IV. La paix de Vervins termine enfin tant de secousses; mais bientôt la guerre se rallume au pied des Alpes. Le duc de Savoie, qui avait tout l'artifice d'une puissance faible, attire sur lui les armes du vain-

(1) On n'exagère rien en disant que Sully était l'homme le plus habile de son temps pour l'attaque et la défense des places.

(2) Il fallait se rendre maître d'une tour qui était à l'épreuve du canon. Rosny promit au roi de l'emporter. Ses ennemis osèrent trouver cette promesse ridicule. Le roi lui-même doutait un peu du succès. Cependant Rosny en vint à bout en six jours par la mine et la sape.

queur de la Ligue (1). Tout est prêt ; Henri s'avance, et Sully, par ses succès, va terrasser à la fois les ennemis de la France et les siens. Il ose attaquer deux places situées sur un roc escarpé et inaccessible. Un sentier bordé d'abîmes était le seul chemin par où l'on pût y conduire du canon ; il fallait ensuite le porter à force de bras sur la cime d'une montagne ; il fallait, pour établir les batteries, aplanir et tailler les pointes des rochers ; il fallait découvrir dans la citadelle quelque endroit moins solide où le canon pût s'ouvrir un passage. Après tant d'obstacles, il en restait un plus difficile à vaincre, la jalousie des courtisans ; Sully triompha de tout. Les ennemis de la France apprirent à le craindre, Henri IV à l'estimer encore plus ; et les courtisans acquirent un nouveau droit de le haïr.

Je m'arrête peu sur les actions militaires de Sully. Ce qui suffirait pour l'éloge d'un autre est à peine le commencement du sien, et je traite ce grand homme comme a fait la postérité, qui a presque oublié le guerrier pour ne se souvenir que de l'homme d'État. Jetons un coup d'œil rapide sur ses négociations comme sur ses combats, et nous contemplerons ensuite le spectacle que nous offre son ministère.

Lorsque la mort du dernier Valois eut ouvert à Henri IV le chemin du trône, ce prince jeta ses regards au dedans et au dehors de la France, pour voir ce qu'il avait à craindre ou à espérer. L'Angleterre, ébranlée par les caprices tyranniques de Henri VIII, faible sous Édouard VI, inondée de sang sous Marie, florissante et tranquille sous Élisabeth, jetait alors les fondements de sa grandeur, et paraissait disposée à soutenir en France un roi protestant. La Hollande combattait contre ses tyrans, et voyait dans leur ennemi un allié nécessaire. L'Alle-

____

(1) Guerre contre le duc de Savoie, en 1600, au sujet du marquisat de Saluces.

magne, avilie sous Rodolphe, redoutait tout des Ottomans, et n'avait que peu d'influence sur ses voisins. La Suisse, libre et guerrière, avait besoin, par sa pauvreté, de vendre ses citoyens et son sang. L'Espagne, agrandie d'un nouveau monde, avait englouti le Portugal, menaçait l'Angleterre, et désolait la France. La Savoie observait la France embrasée. Rome avait lancé ses foudres. La Suède et le Danemark n'étaient pas encore liés aux affaires du Midi. La Pologne n'était qu'un séjour de barbares. La Russie n'existait pas. Au dedans du royaume était cette Ligue protégée par l'Espagne, autorisée par les papes, et qui combattait au nom de Dieu contre les rois. On voyait d'un côté ce Mayenne, sage dans les conseils, lent dans l'exécution, excellent chef de parti, plus habile qu'heureux guerrier; d'Aumale, ardent, impétueux, bravant les rois et la mort; Nemours, assez grand pour que Mayenne en fût jaloux; Mercœur, philosophe au sein de la révolte, et humain dans les guerres civiles; Brissac, esprit romanesque et singulier, voulant créer l'ancienne Rome sur les débris de la France; le cardinal de Bourbon; Guise, redoutable par son nom seul; d'Épernon, qui n'avait que de l'orgueil et n'inspira jamais que de la crainte; Villars, fier et emporté, plein de franchise et de valeur; Joyeuse, dévot par caprice et guerrier par fanatisme; Villeroi, honnête homme et homme d'État; enfin ce président Jeannin, trop vertueux pour un rebelle, aimant son pays, ennemi de l'Espagne, haï des Seize, l'âme du parti malgré le parti même, dont il modérait la passion et la fureur. On voyait de l'autre côté d'Aumont, sujet fidèle et intrépide guerrier; Biron, qui avait commandé en chef dans sept batailles; son fils, à qui il ne manqua, pour être grand, que d'être toujours vertueux; Givri, aussi habile dans les lettres que dans la guerre; Crillon, dont le nom était celui de la valeur; Lesdiguières, de simple soldat devenu connétable, dans des temps où tous les hommes, par leur propre poids, se mettent à leur place; Montmorency, digne de porter un si grand nom; Mornai, le seul, peut-être, qui ait été extrême dans la religion, sans être fanatique; Sanci, magistrat, guerrier, négociateur et ministre; Harlai, qui eut la gloire de souffrir pour son roi; Bouillon, génie inquiet et ardent, qui joignait toute l'activité de l'ambition à tout le flegme de la politique; le comte d'Auvergne, avide de cabales et de plaisirs; le comte de Soissons, brave, mais inconstant, peu attaché à son maître, jaloux de sa gloire, aveugle dans ses désirs, ayant besoin d'être agité, se tourmentant sans objet. Tels étaient au dedans et au dehors les dispositions, les talents, les vices ou les vertus de ceux qui combattaient ou servaient Henri IV. Pour réunir tant d'intérêts, calmer tant de passions, c'était peu de vaincre, il fallait encore négocier. Sully, guerrier et politique, secondait le roi par ses talents, comme il le servait par sa valeur.

A peine la Ligue commençait à se former, Henri l'avait envoyé à la cour de France pour en observer tous les mouvements (1). Il avait vu ce moment avant-coureur des grands troubles où chacun s'agite, observe, prend des mesures; où les amitiés se changent en partis; où les haines deviennent factions; où tous les intérêts particuliers pèsent sur l'État; où les petits cessent d'être étonnés du poids de la grandeur souveraine, et où les grands commencent à trafiquer de leur foi et à mettre un prix à leur probité. Il avait suivi toutes les révolutions de la cour et les progrès de ses différents systèmes. Il avait négocié, au péril de sa vie, le

---

(1) Sully fut aussi habile négociateur qu'excellent guerrier. Dès l'âge de vingt-trois ans, il avait étudié l'art de manier les esprits et de connaître les hommes.

traité qui unit ensemble les deux rois (1). La mort de Valois lui ouvre une carrière plus vaste. Je le vois négocier avec tous les ligueurs qui, par leur puissance, disposaient des forces de l'État, ou qui, par leur nom, influaient sur la fidélité des peuples. Villars, maître d'une place importante, lui oppose un courage fier et une colère aveugle. Sully, par le sang-froid, par la modération, par la franchise, triomphe de cette âme altière et rend un citoyen à l'État. L'héritier des Guises vient combattre pour soutenir ce même trône ébranlé par leurs mains. Sully ramène une foule de rebelles aux pieds de leur maître. Profiter de leur jalousie pour les diviser, de leur haine mutuelle pour leur inspirer l'amour du devoir; flatter l'ambition par des dignités, l'intérêt par des richesses, la vanité par des éloges; estimer par le caractère et par l'impétuosité des passions le prix que chacun met à sa haine ou à sa vengeance; calculer ce que chacun peut valoir à son nouveau maître et quelle portion il entraînera avec lui en se détachant; flatter les puissants par la gloire de décider du destin de l'État; les petits, par l'honneur de prévenir les grands; persuader à chacun que c'est dans lui qu'on a le plus de confiance; les engager tous à se hâter, pour ne pas se voir enlever la gloire de ce qu'ils auraient pu faire eux-mêmes : tel était l'art que Sully employait avec ces factieux obscurs qui forment la populace des partis, et n'ont d'autre politique que celle des pas-

(1) En 1586, Sully avait déjà négocié un traité entre les deux rois; mais l'indécision, vice de toutes les âmes faibles, entraîna bientôt Henri III d'un côté opposé, et le traité devint inutile. Enfin, en 1589, après l'assassinat des Guises, Henri III, ayant tâché vainement d'apaiser le duc de Mayenne, qui ne daigna point pardonner à son roi, il fut moins éloigné de s'unir avec le roi de Navarre. Sully négocia encore ce traité, non point avec la grave lenteur de la plupart des plénipotentiaires, mais avec l'activité d'un homme qui voulait sauver la France. Un grand nombre de voyages qu'il fit avec précipitation et sans prendre aucun repos, le firent tomber dangereusement malade. Mornay eut l'adresse de profiter de l'état de Sully pour obtenir la gloire et la récompense du traité.

sions; mais avec les hommes d'un ordre supérieur, son art de négocier n'était que celui de présenter la raison armée de toute sa force. Il pesait les intérêts de la France, balançait les droits, détaillait les forces, retraçait l'horreur des guerres, la nécessité d'un chef, les vertus du roi. Il faisait retentir au fond des cœurs la voix de la patrie qui redemandait ses citoyens, et déployait cette éloquence mâle qui naît moins des lumières de l'esprit que de la vigueur des sentiments.

Dans ces temps déplorables la fidélité même était factieuse. En travaillant à ramener les ligueurs, il fallait affermir dans le devoir le parti de Henri IV. L'obéissance semblait être un bienfait et non pas un devoir. Les catholiques, jaloux des protestants et corrompus par l'Espagne, formaient des complots qu'ils croyaient sacrés parce qu'ils y mêlaient le nom de la religion. Les grands, accoutumés à l'indépendance, craignaient de faire un roi sous lequel ils cesseraient d'être tyrans. Les protestants, animés de cet esprit républicain que les guerres civiles, l'exemple de la Hollande et la persécution même fomentaient, d'abord appui de Henri IV, mais le servant plutôt en conspirateurs qu'en sujets, indignés ensuite de partager avec des catholiques l'honneur de combattre pour lui; frémissant bientôt de le voir prêt à leur échapper; dans l'édit de Nantes regardant tous les priviléges comme un droit, tous les refus comme injustice; devenus plus irréconciliables contre une religion qui avait triomphé d'eux, formaient au sein de l'État un peuple nombreux, toujours réprimé par l'autorité, et toujours luttant contre elle. C'était le génie de Sully que Henri IV opposait à tant de factions (1). Sully veillait sans cesse; ou il annonçait

(1) On ne saurait croire combien Henri IV avait de cabales à étouffer, même dans son parti. Le fanatisme et l'ambition tournaient toutes les têtes. Quand Sully ne combattait pas, il négociait. En 1594, il quitte le siége de Laon pour aller à

de loin l'embrasement, toujours moins terrible lorsqu'il est prévu, ou il le prévenait en l'étouffant.

Quelles sont ces assemblées où des sujets paraissent avoir des intérêts différents de ceux de l'État? Je reconnais le corps des protestants, assemblées redoutables parce que réunis ils voient mieux leurs forces ; parce que leurs passions concentrées dans un espace étroit, deviennent plus actives et fermentent en s'unissant. Il eût été plus utile sans doute de proscrire ces assemblées ; mais il ne restait à l'autorité, encore chancelante, que la ressource de les permettre, pour laisser croire qu'elle aurait pu les défendre. Pour en prévenir les effets, il fallait un homme qui y présidât au nom du roi et qui dirigeât tous les mouvements en ne paraissant que les suivre ; un homme qui fût assez ferme pour y soutenir l'honneur du trône, assez sage pour ne pas pousser trop loin des esprits emportés et extrêmes ; qui eût de la souplesse pour manier les caractères, de la dignité pour en imposer, un mélange d'activité et de sang-froid, de l'adresse pour diviser, de l'éloquence pour réunir, l'art de tout pénétrer beaucoup plus encore que celui d'être impénétrable. Cet homme

Paris apaiser la fermentation des esprits, agités par l'affaire des jésuites. Peu de temps après, Henri IV l'envoie auprès du duc de Bouillon pour le raffermir dans le devoir et observer les complots qui se formaient à Sedan. En 1595, il va à Rouen dissiper les brigues du duc de Montpensier. En 1597, il est chargé d'écrire aux chefs des protestants, qui, pendant le siége d'Amiens, cherchaient à inquiéter le roi pour en arracher de nouveaux priviléges. En 1598, il va dans la Bretagne, qui n'était pas encore bien remise des troubles de la guerre, et tient les états à Rennes pour hâter la levée des sommes qu'on avait promises. En 1603, il fait un voyage en Poitou, y dissipe les factions, et ramène au roi le cœur des protestants. En 1606, il fait échouer les desseins des calvinistes, qui demandaient un synode national ; il réconcilie, à La Rochelle, le clergé et les protestants divisés. Enfin, en 1614, il travaille, par ordre de la régente, à prévenir ou apaiser les troubles excités par les princes et les grands du royaume. On lui doit cette justice que ses talents ne servirent jamais qu'au bien de l'État. Sa politique n'eut rien d'artificieux ; elle fut adroite sans être fausse, et vertueuse sans être rigide : c'était la politique d'un honnête homme qui dit toujours la vérité, et qui est assez estimé pour la faire croire.

était Sully. Il sut calmer les défiances, dissiper les bruits que répandait l'animosité, arrêter avec éclat les démarches moins dangereuses, prévenir les autres sourdement et en silence, retenir les uns par la crainte, les autres par l'intérêt, quelques-uns par la honte, d'autres par l'honneur. Il n'y avait pas une passion, pas un vice, pas une vertu dont il ne tirât quelque avantage pour assurer la tranquillité publique.

Cet art de commander aux esprits n'était pas renfermé dans les bornes de la France. Partout où Henri IV avait des intérêts à discuter, Sully portait le même empire. Je laisse à d'autres le soin de peindre ce grand homme, négociant avec la Suisse, la Savoie, Rome et Florence. Je me hâte de le suivre en Angleterre. Élizabeth n'était plus, et le fils de Marie Stuart occupait son trône. Henri IV avait formé le projet d'abaisser la maison d'Autriche. Ce prince, irrité de l'orgueil de Charles-Quint, des complots de Philippe II, portant tout le poids des malheurs de François Iᵉʳ, et celui de ses propres injures, avait résolu de venger la France, l'Europe et lui-même, et de terminer enfin cette grande querelle. Il fallait intéresser l'Angleterre à un projet qui devait armer la moitié de l'Europe contre l'autre. Sully part, instruit par son roi. En arrivant à Londres, il ne voit que des obstacles ; une nation fière, magnanime, capable des plus vastes desseins, mais ennemie d'un peuple rival, concentrant ses projets et ses forces dans sa propre grandeur ; une cour orageuse et divisée en factions ; les partisans de la France se choquant contre ceux de l'Espagne ; d'autres également jaloux de ces deux puissances ; quelques-uns séditieux, avides de nouveautés, n'étant attachés à aucun parti, mais s'agitant pour ébranler ; des ministres ardents pour leur fortune, peu occupés de celle de l'État, se refusant à un projet dont ils n'étaient pas les auteurs ; une reine hardie, entreprenante, passionnée pour le parti catholique, bravant par fanatisme l'autorité d'un époux et d'un maître; un prince juste, mais faible et irrésolu, plus théologien que roi, faisant des livres au lieu de combattre, sans fermeté au dedans, sans politique au dehors. Le génie de Sully lutte contre tant de difficultés. Tel qu'un général habile, et qui n'a pour combattre qu'un terrain inégal et désavantageux, promène partout ses regards et observe autour de lui quels sont les postes qui peuvent l'appuyer, tel Sully, arrivé à la cour de Londres, observe tout ce qui peut traverser ou seconder sa négociation. Il juge la faiblesse du roi ; il apprend à se défier des ministres ; il combat les intrigues des Espagnols ; il réveille dans les députés de la Hollande leur haine contre leurs tyrans ; il excite la Suède et le Danemark à étendre leur politique sur le Midi ; il enflamme Venise par l'espoir de recouvrer son ancienne grandeur. Armé de toutes ces forces réunies, il revient ensuite sur le roi ; il l'attaque, il le presse ; il lui présente les vastes desseins de Henri IV, approuvés par Élizabeth ; il lui fait voir l'Europe partagée en deux grandes factions : d'un côté l'empereur, qui n'a que des titres et de la faiblesse ; le pape, esclave honorable de l'Autriche ; l'Espagne dévastée par l'Amérique ; la Flandre espagnole, ébranlée des secousses qu'elle éprouva sous Philippe II ; la Savoie, resserrée entre les grandes puissances qui l'écrasent ; les petits États d'Italie, faits pour dépendre de quiconque veut les conquérir ou daigne les acheter : de l'autre la France, pleine de ressources, et sortant plus terrible du sein de ses divisions ; l'Angleterre, puissante par ses flottes et plus encore par son génie ; la Suède, féconde en fer et en héros ; le Danemarck, fier d'avoir autrefois ravagé l'Europe ; Venise, commerçante comme Tyr et conquérante comme Carthage ; la Hollande, déjà célèbre par quarante ans de victoires ; enfin les États protestants de l'Allemagne et de la Suisse, enthousiastes de leur liberté comme de leur religion. Il passe au détail des projets ; il expose les moyens ; enfin il intéresse la vanité de Jacques en lui peignant les rois d'Angleterre et de France à la tête de cette entreprise, remuant l'Europe et faisant le sort des rois. Mais, ô faiblesse des grands hommes ! pouvoir inévitable qui entraîne tout ! Que sert à Sully de triompher de tant d'obstacles et d'unir l'Angleterre avec la France contre l'Autriche ? La mort de Henri IV devait rendre inutiles tant de soins. Une partie de ce vaste plan était réservée à Richelieu, l'autre ne devait jamais être exécutée ; et presque tout ce qui a été fait, devait encore être détruit par de nouveaux événements. Ainsi le monde politique a éprouvé encore plus de révolutions qu'il n'est arrivé de changements sur la surface du globe.

Quelque talent qu'eût Sully pour négocier, le président Jeannin et le cardinal d'Ossat pouvaient peut-être lui disputer cette gloire ; mais il en est une où il n'eut point de rivaux, c'est celle du ministère. Il y éclipsa tout ce qui avait paru jusqu'alors ; il mérita de servir de modèle à la postérité.

Les opérations de Sully le peindront mieux que tous les discours. C'est en le voyant agir que nous mesurerons l'étendue de ses talents.

Il n'était pas encore surintendant, et déjà son maître le destine à réparer les maux de la France. Son premier mérite fut de les connaître. Il porte ses regards sur toute l'étendue du royaume, et il voit un État ébranlé par quarante ans de guerres civiles, en proie à tous les malheurs qu'une autorité faible et avilie avait pu introduire. Il commence par calculer les dettes de l'État. Il le trouve engagé avec l'Angleterre, la Suisse et la Hollande, qui avaient fourni à Henri IV des troupes, des vaisseaux, du fer et de l'or pour triompher de la Ligue ; avec les gens de guerre, dont le service et le sang n'avait pas encore été payés; avec les traitants, qui forçaient l'État à payer sa ruine; avec tous les officiers des différents ordres du royaume, qui réclamaient leurs gages et pensions de plus de vingt années; avec les anciens esclaves des favoris, à qui les libéralités de Henri III avaient prodigué le sang du peuple; avec les créanciers des rentes, qui, en chargeant l'État de capitaux immenses, dévoraient dans l'oisiveté le fruit des travaux et des sueurs de la nation; enfin avec les chefs de la Ligue, qui tous avaient vendu leur fidélité à leur nouveau maître. Il avait fallu acheter chaque place, payer chaque traité, estimer à prix d'or l'intérêt que chacun trouvait dans la révolte, comme si l'honneur de redevenir vertueux n'eût pas été la première des récompenses. Toutes ces dettes réunies formaient une somme de trois cent trente millions. Sully passe à l'examen des revenus. Je souhaiterais que mon siècle pût être étonné en apprenant que le roi ne recevait que trente millions, tandis que le peuple en payait cent cinquante. Quelles étaient les sources de cet incroyable désordre? La faiblesse des rois, la rapacité des sujets. Outre les subsides imposés pour les besoins de l'État, chaque officier, ou de guerre, ou de justice, ou de finance, levait des droits sur le peuple, qui était forcé de nourrir tant de tyrans. Tous les créanciers de l'État, soit étrangers, soit sujets, se payant par leurs propres mains, avaient jusque parmi les fermes du roi des fermes à leur profit, et leurs brigands, sous le nom de commis, qui disputaient à ceux du prince le droit de dévorer le royaume. Les fermiers généraux établissant des sous-fermes, et celles-ci étant subdivisées en d'autres, qui se partageaient encore en d'autres branches, les revenus de l'État s'épuisaient en passant par tant de mains; semblables à ces masses d'eau qui, précipitées d'une grande hauteur, et roulant de cascades en cascades, de rochers en rochers, se dissipant en poussière, sont emportées par les vents sur des plaines éloignées, et trompent le bassin qui les attendait dans le fond du vallon. Cent millions de domaines avaient été aliénés presque sans titres. Une grande partie des revenus royaux avait été usurpée par les grands, ou vendue au plus vil prix par ceux mêmes qui furent employés à en constater l'état. Mais la plus grande source du désordre était les brigandages des officiers de finance. Qui pourrait détailler toutes les ruses qu'avait inventées l'avarice pour s'approprier les revenus de l'État? On diminuait les recettes, on augmentait les dépenses, on multipliait les frais, on enflait les émoluments des charges, on faisait de doubles et de triples emplois, on falsifiait des articles; on en supprimait d'autres. Sully porte le flambeau dans toutes ces mines sourdes et profondes, où les receveurs puisaient l'or de la France. Il parcourt tous les registres, compare tous les états, vérifie tous les comptes; il les rapproche, il les combine. Je ne craindrai pas de le dire, ce travail obscur est peut-être ce qui fait le plus d'honneur à Sully. L'âme d'un grand homme sent un plaisir secret lorsqu'il s'agit, dans un conseil, de braver, pour le bien de l'État, des ennemis puissants; son génie s'élève lorsqu'il forme ces grandes combinaisons qui devaient influer sur le système de l'Europe; mais s'ensevelir dans des détails qui rabaissent continuellement l'esprit et exigent toutes les petites attentions d'un instinct laborieux; consacrer à de pénibles calculs cette même main accoutumée à conduire des armées, ce travail, dont les difficultés sont très-grandes, le fruit incertain, et où l'imagination n'est point soutenue par l'idée de la gloire, demande une âme plus forte que les opérations les plus éclatantes du ministère.

Sully poursuit l'examen de la France. Il observe dans tout le royaume tous les effets de ces abus. Il voit l'industrie étouffée, la circulation interrompue, les fonds de terre négligés ou sans valeur, le peuple dans la misère, le crédit anéanti, nulle ressource pour le présent, une ruine presque inévitable pour l'avenir. Cependant la France, comme un malheureux qui expire en se débattant, inquiète et tourmentée, s'agitait pour trouver un remède à ses maux. On avait créé un conseil de finances, espèce d'hydre encore plus funeste à l'État que le surintendant qu'elle remplaçait. Les membres de ce conseil augmentaient les maux qu'ils devaient réformer. On les vit sous des noms empruntés, gouverner toutes les fermes du royaume, se faire adjuger à vil prix les baux des grandes entreprises, forcer par leurs délais les créanciers de l'État à réduire eux-mêmes leurs sommes, et les porter ensuite tout entières sur les comptes.

Enfin les maux vont cesser, et la lumière va naître. Sully est armé de l'autorité de son roi, et il a toute la vigueur d'une âme qui veut faire le bien. Il commence par réformer les abus ; les officiers et les grands n'ont plus le droit de lever des contributions sur les provinces ; et le peuple, affranchi de ses tyrans, se félicite de n'avoir plus à payer qu'un maître. En vain d'Épernon, dans le conseil, soutient la cause des concussionnaires ; ce n'est point à Sully à trembler. Comme ministre, il écrase l'injustice ; comme guerrier, il brave les menaces. Il poursuit sa carrière au milieu des orages ; il défend aux créanciers de l'État de lever par eux-mêmes aucun droit sur les fermes. Par cette ordonnance, les revenus furent arrachés des mains de l'Angleterre, de l'Allemagne, de la Suisse, de Florence, de Venise, et de tous les plus puissants du royaume. Henri IV est effrayé lui-même de la tempête qui s'élève contre Sully ; mais Sully est inébranlable. Il casse dans les fermes la multitude des sous-baux ; il dresse un état général des finances qui prévient les moyens honteux de s'enrichir; il prescrit aux receveurs de nouvelles formules de comptes. Les souterrains profonds qu'avait creusés l'avarice sont découverts au grand jour, et les tigres qui s'y retiraient pour y dévorer sourdement les entrailles du peuple cessent enfin d'avoir des repaires. Les fortunes injustes sont citées à des tribunaux; l'avarice rend compte de ses pillages; l'or qui s'est égaré hors des canaux publics, est forcé d'y rentrer.

Le temps de la tyrannie et des usurpations n'est plus. Quatre-vingts millions de domaines rentrent dans les mains du souverain. Sully passe à une opération plus compliquée; on vérifie les rentes constituées sur l'État: leur source, leur hypothèque, leur capital, l'époque de leurs différentes créations, tout est connu. Chaque engagement est discuté, chaque degré d'injustice ou de fraude est calculé. On éteint les unes, on rembourse les autres, on réduit celles qui doivent être réduites. L'équité sévère présida à tous ces jugements, et une opération qui ébranlait les fortunes de tant de particuliers servit encore à établir le crédit public.

C'est ici le moment de développer les principes économiques de Sully, principes où il fut si bien secondé par l'humanité et par le génie de Henri IV. Comment ces deux hommes, qui avaient passé une grande partie de leur vie sur les champs de bataille, se trouvèrent-ils tout à coup formés dans l'art de gouverner? Est-ce que l'habitude des grands dangers accoutume à imaginer les grandes ressources? ou bien est-ce que les motifs brillants, la gloire, les fatigues, les grands spectacles, le sort des nations, que l'on a entre ses mains, élèvent l'homme et l'agrandissent en lui faisant exercer toutes ses forces?

N'allons pas confondre la science du gouvernement économique avec la simple administration des finances. Celle-ci n'est qu'un mécanisme d'ordre et d'inspection, l'autre est la science de l'État. Elle pénètre à la source des richesses, elle les augmente, elle les dirige, elle les distribue. Les listes de la vanité sont surchargées de noms de surintendants des finances, les fastes de la patrie ne comptent que Sully.

Par quel art funeste le système des impôts est-il devenu plus ruineux pour les États que la guerre, la peste et la famine? Si les campagnes sont dépeuplées, si une partie des terres sont en friche, si tous les ressorts sont affaiblis et languissants, quelle en est la cause? C'est qu'on arrache des mains du laboureur les richesses destinées à reproduire les richesses, et que les revenus, épuisés dans leur source, ne peuvent plus rentrer dans le sein de la terre pour en faire germer d'autres. Aussi une des premières opérations de Sully fut de remettre aux provinces vingt millions d'arrérages de taille; et depuis il diminua d'année en année cet impôt de deux millions. Ce grand ministre regardait la taille comme un impôt vicieux de sa nature surtout cette taille arbitraire qui rend les possessions incertaines et abandonne la propriété aux caprices des tyrans. Jetez les yeux sur les campagnes, vous y verrez le laboureur forcé lui-même à étouffer son industrie, tremblant d'améliorer sa terre, faisant au ciel des vœux meurtriers pour que sa moisson ne devienne pas plus fertile, n'osant augmenter sa dépense, de peur que sa richesse ne soit un crime; vous verrez le pauvre, écrasé sous le poids de son travail, obligé de porter encore le fardeau du riche; les exemptions vendues aux uns, devenir une source de terreur pour les autres, la fécondité d'une terre punie de la stérilité des champs voisins; vous verrez des oppresseurs barbares enlever d'une chaumière les vils meubles que l'indigence laissait à la nécessité. On le vit s'élever de même contre une autre espèce d'impôt établi sur toutes les denrées, parce que cet impôt n'était qu'une nouvelle surcharge sur les terres. On le vit déployer toute son indignation contre la gabelle, espèce de monstre qui a droit de ravager certaines provinces, qui force des hommes pauvres à acheter du sel quand ils manquent de pain, ne marche qu'au bruit des chaînes, empoisonne l'air qu'il respire, et flétrit l'agriculture partout où il imprime ses pas. « Sire, disait Sully à Henri IV, vous avez extirpé du sein de vos États la guerre civile, mais vos sujets ne sont point encore en paix ; des armées de pirates assiégent leurs maisons ; délivrez-les de leurs véritables ennemis, et faites cesser des fléaux plus meurtriers pour la France que les batailles de Saint-Denis, de Jarnac, de Moncontour et de Coutras. »

Sully, pour faire fleurir la France, ne voulait que des laboureurs et des pâtres. Il encourage tous ces hommes utiles ; il propose des récompenses à ceux qui remettront en valeur des terrains incultes ; il va partout chercher des bras pour fertiliser les terres. Sa voix appelait dans la France les huit cent mille Maures que la superstition chassait alors de l'Espagne. Par un réglement sage, il garantit les gens de la campagne de l'oppression des gens de guerre. « Soldats et laboureurs, leur dit-il, d'où naissent ces divisons ? Ceux qui défendent la patrie doivent-il s'armer contre ceux qui la nourrissent ? » Il défend les cultivateurs contre une espèce d'ennemis encore plus redoutables, contre ceux qui venaient au nom de la loi leur enlever, au milieu d'un sillon, les bœufs compagnons de leur travail, et jusqu'aux instruments du labourage. Tout change ; l'agriculture renaît ; les campagnes deviennent fécondes ; la joie et la sérénité reparaissent sous les toits du laboureur.

La liberté est l'âme du commerce ; il parcourt le monde, fuyant les lieux de l'oppression. Sully l'appelle et tâche de le fixer en France. Le commerce intérieur était chargé d'une foule de droits que les grands avaient arrachés à une autorité faible ou peu éclairée. Les monopoles, qui se présentent toujours sous une fausse idée de police, aux abus d'une liberté mal réglée avaient substitué ceux de l'oppression. Sully combat tous ces tyrans avares ; il établit un conseil de commerce, institution nécessaire, mais qui ne deviendra utile que lorsque le négociant y sera réuni avec l'homme d'État. Le premier y portera les lumières de l'expérience, le second opposera les grands principes aux petits intérêts. Il entreprend de réunir la Seine avec la Loire ; il rend d'autres rivières navigables ; il fait percer et construire de grands chemins, non plus comme chez les anciens Romains, pour que l'esclavage pût se communiquer rapidement d'un bout du monde à l'autre, mais pour épancher l'abondance et porter les richesses. Il anime et protége l'industrie. En observant les nations, il avait vu l'or prendre sa source dans le Pérou, de là se répandre dans l'ancien monde, une partie aller s'engloutir dans les Indes, la plus grande portion rester en Europe ; là, emporté d'un mouvement rapide, circuler sans cesse, mais dans son cours se détourner des climats stériles et couler, par une pente naturelle, sur les pays que l'agriculture rend féconds. Il jugea dès lors que le produit des terres est la véritable richesse ; que le trafic peut enrichir de petits états, mais que le commerce de propriété convient seul à une grande monarchie. Il encouragea donc les manufactures de laine, soit parce qu'étant liées à la nourriture des troupeaux, elles deviennent encore pour les terres une nouvelle source de fécondité, soit parce que le principal avantage de l'industrie étant de donner une valeur aux denrées en facilitant la consommation, les manufactures les plus grossières sont aussi les plus utiles.

C'est par une administration fondée sur ces principes, que

Sully, en moins de quinze ans, vint à bout de changer la face de la France. Mais il n'eût point amorti si promptement trois cent cinquante millions de dettes, il n'eût point laissé quarante millions dans les coffres du roi, si à tous ces moyens il n'en eût joint un autre encore plus puissant : c'est l'économie. Je n'entends pas cette économie frivole qui consiste à retrancher quelques dépenses, et qui, ne portant que sur de petits objets, ne procurerait à l'Etat que de petites ressources; j'entends cette économie réelle et toute-puisssante qui gouverne les trésors d'un empire comme les biens d'une famille; qui établit l'ordre, qui prévient les dissipations, et qui applique tout entier au besoin de l'État ce qui est la substance et le sang de l'État même. Rendons grâces à Sully de ce qu'il a donné aux ministres cet exemple d'une économie courageuse, et, si cela nous est permis, faisons des vœux pour qu'un si grand exemple ne demeure pas inutile aux nations.

Tant de vues, de soins et de travaux dans la partie économique, n'occupaient pas Sully tout entier. Son génie parcourut également toutes les parties du ministère. L'artillerie, la guerre, la marine, les arts, la religion, la politique, tout est l'objet de ses travaux et de ses succès. Que dis-je? ce grand homme servit la France, même lorsqu'il n'était plus. Il prépara le siècle de Louis XIV et forma Colbert. Colbert et Sully! quels noms! C'est un spectacle intéressant de rapprocher ces deux hommes célèbres, qui font époque dans notre histoire et peut-être dans celle de l'Europe.

Destinés tous deux à de grandes choses, ils furent élevés au ministère à peu près dans les mêmes circonstances. Sully parut après les horribles déprédations des favoris et les désordres de la Ligue. Colbert eut à réparer les maux qu'avait causés le règne orageux et faible de Louis XIII : les opérations brillantes mais forcées de Richelieu, les querelles de la fronde, l'anarchie des finances sous Mazarin. Tous deux trouvèrent le peuple accablé d'impôts et le roi privé de la plus grande partie de ses revenus ; tous deux eurent le bonheur de rencontrer deux princes qui avaient le génie du gouvernement ; capables de vouloir le bien, assez courageux pour l'entreprendre, assez fermes pour le soutenir, désirant faire de grandes choses, l'un pour la France, et l'autre pour lui-même. Tous deux commencèrent par liquider les dettes de l'État, et les mêmes besoins firent naître les mêmes opérations. Tous deux travaillèrent ensuite à accroître la fortune publique. Ils surent également combiner la nature des divers impôts, mais Sully ne sut pas en tirer tout le parti possible ; Colbert perfectionna l'art d'établir entre eux de justes proportions. Tous deux diminuèrent les frais énormes de la perception, bannirent le trafic honteux des emplois, qui enrichissait et avilissait la cour, ôtèrent aux courtisans tout intérêt dans les fermes. Tous deux firent cesser la confusion qui régnait dans les recettes et les gains immenses que faisaient les receveurs ; mais, dans toutes ces parties, Colbert n'eut que la gloire d'imiter Sully et de faire revivre les anciennes ordonnances de ce grand homme. Le ministre de Louis XIV, à l'exemple de celui de Henri IV, assura des fonds pour chaque dépense ; à son exemple, il réduisit l'intérêt de l'argent. Tous deux travaillèrent à faciliter les communications ; mais Colbert fit exécuter le canal de Languedoc, dont Sully n'avait eu que le projet. Ils connurent également l'art de faire tomber sur les riches et sur les habitants des villes les remises accordées aux campagnes ; mais on leur reproche à tous deux d'avoir gêné l'industrie par des taxes. Le crédit, cette partie importante des richesses publiques, qui fait circuler celles qu'on a et qui supplée à celles qu'on n'a pas, paraît n'avoir pas été assez connu par Sully et assez ménagé par Colbert. Les gains excessifs des traitants furent réprimés par tous les deux, mais Sully connut mieux de quelle importance il est pour un État de rapprocher les gains des finances de ceux qu'on peut faire dans les entreprises de commerce ou d'agriculture. Les monnaies attirèrent leur attention, mais Sully n'aperçut que les maux, ou ne trouva que des remèdes dangereux ; Colbert porta dans cette partie une supériorité de lumières qu'il dut à son siècle autant qu'à lui-même. On leur doit à tous deux l'éloge d'avoir vu que la réforme du barreau pouvait influer sur l'aisance nationale ; mais l'avantage des temps fit que Colbert exécuta ce que Sully ne put que désirer. L'un, dans un temps d'orages et sous un roi soldat, annonça seulement à une nation guerrière qu'elle devait estimer les sciences ; l'autre, ministre d'un roi qui portait la grandeur jusque dans les plaisirs de l'esprit, donna au monde l'exemple, trop oublié peut-être, d'honorer, d'enrichir et de développer tous les talents. Sully entrevit le premier l'utilité d'une marine, c'était beaucoup en sortant de la barbarie ; nous nous souvenons que Colbert eut la gloire d'en créer une. Le commerce fut protégé par les deux ministres, mais l'un voulait le tirer presque tout entier du produit des terres, l'autre, des manufactures. Sully préférait, avec raison, celui qui, étant attaché au sol, ne peut être partagé ni envahi, et qui met les étrangers dans une dépendance nécessaire. Colbert ne s'aperçut pas que l'autre n'est fondé que sur des besoins de caprice ou de goût, et qu'il peut passer avec les artistes dans tous les pays du monde. Sully fut donc supérieur à Colbert dans la connaissance des véritables sources du commerce, mais Colbert l'emporta sur lui du côté des soins, de l'activité et des calculs politiques dans cette partie ; il l'emporta par son attention à diminuer les droits intérieurs

du royaume, que Sully augmenta quelquefois ; par son habileté
à combiner les droits d'entrée et de sortie, opération qui est
peut-être un des plus savants ouvrages d'un législateur et où
la plus petite erreur de combinaison peut coûter des millions
à l'État. Il sera difficile d'égaler Colbert dans les détails et les
grandes vues du commerce. Il sera difficile de surpasser Sully
dans les encouragements qu'il donna à l'agriculture. Ce n'est
pas que Colbert ait négligé entièrement cette partie importante.
N'exagérons pas les fautes des grands hommes, et n'ayons pas
la manie d'être toujours extrêmes dans nos censures comme
dans nos éloges. Colbert, à l'exemple de Sully, voulut faire
naître l'aisance dans les campagnes ; il diminua les tailles ; il
prévint, autant qu'il put, les maux attachés à une imposition
arbitraire ; il protégea par des règlements utiles la nourriture
des troupeaux ; il encouragea la population par des récompenses ; mais, faute d'avoir permis le commerce des grains,
tant d'opérations admirables furent presque inutiles ; il n'y
avait point de richesse réelle : l'État parut brillant, et le peuple
fut malheureux ; l'or que le trafic faisait circuler ne parvenait
point jusqu'à la classe des cultivateurs ; le prix des grains
baissa sans cesse, et l'on finit par la disette. Tels furent et les
principes et les succès différents de ces deux grands hommes.
Si maintenant nous comparons leur caractère et leur talent,
nous trouverons que tous deux eurent de la justesse et de
l'étendue dans l'esprit, de la grandeur dans les projets, de
l'ordre et de l'activité dans l'exécution ; mais Sully peut-être
saisit mieux la masse entière du gouvernement, Colbert en
développa mieux les détails. L'un avait plus de cette politique
moderne qui calcule ; l'autre de cette politique des anciens
législateurs, qui voyaient tout dans un grand principe. Le plan
de Colbert était une machine vaste et compliquée où il fallait

sans cesse remonter de nouvelles roues; le plan de Sully était simple et uniforme comme celui de la nature. Colbert attendait plus des hommes; Sully attendait plus des choses. L'un créa des ressources inconnues à la France; l'autre employa le mieux les ressources qu'elle avait. La réputation de Colbert dut avoir d'abord plus d'éclat; celle de Sully dut acquérir plus de solidité. A l'égard du caractère, tous deux eurent le courage et la vigueur d'âme, sans laquelle on ne fit jamais ni beaucoup de bien ni beaucoup de mal dans un État; mais la politique de l'un se sentait de l'austérité de ses mœurs, celle de l'autre, du luxe de son siècle. Ils eurent la triste conformité d'être haïs; mais l'un des grands, l'autre du peuple. On reprocha de la dureté à Colbert, de la hauteur à Sully; mais si tous deux choquèrent des particuliers, tous deux aimèrent la nation. Enfin si on examine leurs rapports avec les rois qu'ils servaient, on trouvera que Sully faisait la loi à son maître, et que Colbert recevait la loi du sien; que le premier fut plus le ministre du peuple et le second plus le ministre du roi; enfin, d'après les talents des deux princes, on jugera que Sully dut quelque chose de sa gloire à Henri IV, et que Louis XIV dut une grande partie de la sienne à Colbert.

FIN

PARIS. — IMPRIMERIE DE E. MARTINET, RUE MIGNON, 2